Eva Harlé

SELBST GEMACHT

Eis
& Sorbet

Köstliche Rezepte für Zuhause

Fotos: Françoise Nicol
Foodstyling: Chae Rin Vincent

DK

SELBST GEMACHT

INHALT

EINFÜHRUNG

EIS essen – das sind die Glücksmomente im Sommer! Aber nicht nur im Sommer kann man Eis genießen. Jede Jahreszeit ist ideal, um der kulinarischen Phantasie freien Lauf zu lassen.

Eis selbst herzustellen, hat gleich mehrere Vorteile: Zuallererst ist der beachtliche Zeitgewinn ein großes Plus – wenn Sie das Eis am Vortag zubereiten, bleibt Ihnen mehr Zeit für Ihre Gäste. Und Ihre Stimmung kühlt dabei keinesfalls ab!

Darüber hinaus enthält selbstgemachtes Eis weder künstliche Zusatzstoffe noch sonstige versteckte, aber unerfreuliche Überraschungen. Sie wissen genau, woher die Zutaten kommen und was sie enthalten. Dabei können Sie nach Herzenslust die Geschmacksrichtungen und Aromen variieren.

Für richtige Eisfans und Gourmets ist alles erlaubt: So lassen sich auch Schokosplitter und Kekse, kandierte Früchte, sogar Kaubonbons, Nutella oder Matcha-Grüntee verarbeiten … Werden Sie erfinderisch!

Die Kreativität kennt keine Grenzen: Eis und Sorbets in neuen Kombinationen von salzig bis scharf eignen sich als erfrischender Zwischengang im festlichen Menü.

Probieren Sie es aus und überraschen Sie sich selbst, Ihre Familie und die Gäste!

NOTWENDIGES ZUBEHÖR

- **Gefrierschrank oder Tiefkühlfach:** unentbehrlich zur Herstellung und Vorbereitung von Eis, Sorbets oder Granitas.
- **Eismaschine oder professionelle Eismaschine mit Kompressor:** diese Maschinen sind nicht zwingend notwendig, aber in jedem Fall sehr nützliche Helfer (s. S. 11).
- **Standmixer oder Stabmixer:** wird verwendet bei der Herstellung von Milchshakes, Smoothies oder um die Eismischungen gut zu vermengen.
- **Teigspatel (aus Silikon):** wird benötigt, um alles gut aus der Schüssel oder dem Schlagkessel zu bekommen. Unentbehrlich beim sorgfältigen Ausschaben des Behälters der Eismaschine. Und er ist ein Muss für das lockere Unterziehen von feinen Mischungen oder dem Unterheben von Eischnee.
- **Schlagkessel:** ist eine Edelstahlschüssel mit halbrundem Boden. Er wird besonders beim Aufschlagen von Crememassen verwendet.
- **Elektrisches Handrührgerät:** perfekt für die Zubereitung von geschlagener Sahne, um Eiweiß in Eischnee zu verwandeln und um die sich während des Gefrierens bildenden Kristalle in der Eismasse zu verrühren.
- **Eisformen aus Silikon:** damit können Einzelportionen eingefroren werden.
- **Digitalwaage:** ist wesentlich genauer als herkömmliche Haushaltswaagen und misst auf das Gramm präzise. Besonders bei der Herstellung von kleinen Eismengen kommt es auf jedes Gramm an.
- **Feines Sieb oder Flotte Lotte:** zum Passieren von Früchten, um die feinen Kerne zu filtern (bei Beeren). Für die Herstellung von Sorbets unverzichtbar.
- **Sahnesiphon:** stellt leichter Schlagsahne her und man kann die Sahnedekors auf dem Eis direkt formen.
- **Eisportionierer:** Es gibt verschiedene Modelle und Materialien im Handel. Die Investition in einen Eisportionierer aus Edelstahl lohnt in jedem Fall, um ein perfektes Ergebnis zu erzielen. Zudem haben sie eine längere Lebensdauer.

ALLES WAS MAN WISSEN MUSS

Eis selbst herzustellen ist ganz einfach, seit es in jedem Haushalt ein Tiefkühlfach gibt. Sogar eine Eismaschine ist nicht unbedingt zwingend notwendig dazu. Für das Eis oder Sorbet wird die vorbereitete Masse in einen Behälter gefüllt, in den Gefrierschrank gestellt und von Zeit zu Zeit umgerührt (etwa alle 30 Minuten). Damit wird das Entstehen von Eiskristallen während des Gefrierens verhindert.

Je häufiger man rührt, desto cremiger bleibt das Eis. Um die kleinen Eiskristalle zu zerkleinern, muss man die Eismasse immer wieder mit dem Schneebesen oder elektrischen Handrührgerät verrühren. Je höher der Anteil an Sahne, Zucker oder Alkohol, umso weniger muss gerührt werden.

Um ein cremiges und feines Eis zu bekommen, ist es wichtig, möglichst feinen Zucker (Kristallzucker fein oder Backzucker fein) zu verwenden. Möglich ist auch Gelierzucker, wie zur Herstellung von Marmelade. Hier sorgt der Pektingehalt für den zarten Schmelz bei selbst gemachtem Eis und Sorbets. Allerdings ist es nicht ratsam, einfach die Süßmittel anderweitig zu ersetzen (beispielsweise durch Honig, Ahornsirup oder andere Süßmittel), da sie sich in den Friereigenschaften stark unterscheiden.

WICHTIG
- Wichtig ist, dass der Zucker ganz aufgelöst ist.
- Der Fettgehalt in der Milch möglichst hoch ist. In allen Rezepten wird Vollmilch (3,5 % oder 3,8 %) verwendet.
- Das Eis etwa 15 Minuten vor dem Servieren aus dem Tiefkühlfach nehmen und im Kühlschrank antauen lassen. Da es keinerlei chemische Zutaten oder Stabilisatoren enthält, ist das Eis wesentlich fester in der Konsistenz als Handelsware. Nach 15 Minuten ist es aber weich und cremig.

Kleine Eiskunde

Milcheis enthält Eier, Zucker und Milch. Zunächst wird nach einem Grundrezept eine Vanillecreme (auch bekannt unter dem Namen Englische Creme, s. S. 14) hergestellt, die anschließend je nach Belieben gemischt wird (mit Schokolade, Pistazie usw.).

Für Sahneeis verwendet man flüssige oder geschlagene Sahne, die durch ihren Fettgehalt das Eis wundervoll cremig werden lässt.

Sorbet besteht aus Zucker, Wasser und Früchten. Zunächst wird ein Zuckersirup hergestellt (s. S. 19), der dann mit pürierten Früchten oder Fruchtsäften gemischt wird. Durch ein zu Eischnee steif geschlagenes Eiweiß wird das Sorbet noch zarter.

Granitas sind die erfrischende und figurfreundliche Alternative: Raffiniert gemixtes Fruchtpüree zu crushed ice gefroren.

TIPP:
Joghurt, Quark oder Buttermilch können ebenfalls die Basis zur Eisherstellung bilden. Es gibt sogar Rezepte ohne Eier. Das Eis lässt sich schnell machen und hat sogar einen geringeren Fettgehalt als das Cremeeis auf der Basis der Vanillecreme.

Eismaschinen

Es gibt zwei Modelle von Maschinen, um Eis herzustellen: einfache Eismaschinen für den Hausgebrauch und professionelle Geräte mit Kompressor. Eis herzustellen funktioniert bei beiden auf die gleiche Art und Weise: die gut gekühlte Eismasse wird in den Behälter gegeben, in dem das Eis hergestellt wird. Der Rührer der Maschine verteilt und vermischt die Zutaten während des Gefrierens, so dass keine Eiskristalle entstehen. Nach etwa 30–40 Minuten ist das Eis fertig. Dabei ist zu beachten, dass die Rühr- und Frierzeiten je nach Herstellertyp der Eismaschine variieren können. Sollte dem Eis die Konsistenz fehlen, kann es nochmals für weitere zwei Stunden ins Tiefkühlfach gestellt werden.

Eismaschinen mit Kompressor sind teuer, verfügen allerdings über ein integriertes Kühlaggregat und sind daher für Personen geeignet, die zu wenig Platz im Tiefkühlschrank haben und wirklich viel Eis essen. Ihr unumstrittener Vorteil ist, dass sie weiterarbeiten, während man schon sein nächstes Eis vorbereitet (wie in einer professionellen Eisdiele).

Die Modelle ohne Kompressor sind erschwinglicher und bereits ab 30 Euro im Fachhandel zu erhalten. Allerdings muss der Eisbehälter für mindestens 12 Stunden vor Gebrauch ins Tiefkühlfach. Daher sollte bereits beim Kauf darauf geachtet werden, ob die Eismaschine in das Gefrierfach passt, insbesondere bei Schubfächern, die zum Herausziehen sind. Es gibt verschiedene Modelle in unterschiedlichen Größen.

Hinweise für ein sicheres Gelingen der Eisherstellung:

• Am besten den Eisbehälter immer auf Vorrat im Tiefkühlfach deponieren, so dass jederzeit auch bei spontaner Lust auf Eis die Eismaschine bereit für den Einsatz ist.

• Bevor der vorgekühlte Eisbehälter aus dem Tiefkühlfach genommen wird, sollte der Rührer der Maschine bereit gelegt werden und die Eismaschine bereit zum Einsatz sein. Die vorbereitete Eismasse kann sofort in den Eisbehälter gefüllt werden, so dass sich nichts am Boden festsetzt oder eine Haut bildet.

• Die Eismasse sollte stets gut vorgekühlt werden, bevor sie in die Eismaschine gefüllt wird. Idealerweise wird sie am Vortag zubereitet und kann so über Nacht im Tiefkühlfach gut durchkühlen.

• Während der Zubereitung verändert die Eismasse ihr Volumen. Daher ist darauf zu achten, dass der Eisbehälter nicht überfüllt wird, sonst wird die Eiscreme nicht mehr richtig durchgemischt.

• In allen Rezepten wird auf eine genaue Zeitangabe für die Eisherstellung verzichtet, da sie je nach Modell zwischen 20 und 40 Minuten variiert.

SELBST GEMACHT

GRUND-REZEPTE

VANILLECREME (ENGLISCHE CREME)

Für **500** ml Vanillecreme
Zubereitungszeit: **10** Minuten
Kochzeit: **10** Minuten
Ziehen lassen: **30** Minuten
Kühlzeit: **60** Minuten
Frierzeit: **12** Stunden
Budget: €

1 Vanilleschote • 400 ml Milch • 4 Eigelbe • 75 g Kristallzucker

Außerdem:
Sieb • elektrisches Handrührgerät • Klarsichtfolie

1 Die Vanilleschote längs aufschlitzen, das Mark herauskratzen. In einem Kochtopf die Milch zusammen mit Mark und Schote sanft erhitzen und 30 Minuten ziehen lassen. Die Milch durch ein Sieb gießen und dabei die Vanilleschote entfernen, beiseitestellen und leicht abkühlen lassen.

2 Inzwischen die Eigelbe mit dem Handrührgerät gut aufschlagen und den Zucker zugeben. So lange rühren, bis die Masse hellgelb und dickcremig wird.

3 Die Milch nochmals kurz erwärmen (sie darf nicht zu heiß sein) und unter ständigem Rühren zu der Eigelb-Zucker-Mischung gießen. Alles zurück in den Kochtopf geben und nochmals sanft erhitzen. Dabei mit einem Holzlöffel ständig umrühren. Die Vanillecreme darf keinesfalls kochen, da sonst das Eigelb stockt und sich Klümpchen bilden.

4 Die Vanillecreme ist fertig, sobald sie am Holzlöffel haften bleibt. Sollte sie immer noch etwas zu flüssig sein, kann sie nochmals vorsichtig erhitzt werden. Zum Abkühlen für mehrere Stunden in den Kühlschrank stellen. Um zu vermeiden, dass sich eine Haut bildet, die Vanillecreme mit einer Schicht Klarsichtfolie abdecken.

TIPP:
Ob die Vanillecreme fertig ist, lässt sich kontrollieren, indem man mit einem Finger auf dem Holzlöffel entlang zieht. Es sollte dabei eine gut sichtbare Spur entstehen.
Will man eine noch cremigere Konsistenz bekommen, streicht man die Vanillemasse vor dem Servieren durch ein Sieb. Sollte die Creme Klümpchen haben, füllt man sie in eine Glasflasche, verschließt sie gut und schüttelt kräftig 3 Minuten lang, bis die Vanillecreme geschmeidig und homogen wird.

SCHOKOLADENSAUCE

Für **500** ml Sauce
Vorbereitungszeit: **5** Minuten
Kochzeit: **10** Minuten
Budget: €

200 g dunkle Schokolade (mindestens 55 % Kakaoanteil) • 100 ml Milch • 150 g Sahne • 20 g Butter

1 Die Schokolade mit einem Messer in kleine Stücke schneiden und in eine Schüssel geben.

2 In einem Kochtopf die Milch und die Sahne zum Kochen bringen.

3 Die kochende Milch-Sahne-Mischung in die Schüssel mit der zerkleinerten Schokolade geben und so lange verrühren, bis die Schokolade geschmolzen ist. Etwas abkühlen lassen.

4 Die Butter zufügen und alles gut untermischen, bis die Schokoladensauce cremig ist.

TIPP:
Die Schokoladensauce kann kalt, lauwarm oder heiß serviert werden. Sie hält sich im Kühlschrank 2 Tage oder kann sogar eingefroren werden.

HIMBEERSAUCE

Für **500** ml Sauce
Zubereitungszeit: **10** Minuten
Kochzeit: **2** Minuten
Budget: €€

150 g Kristallzucker • 450 g Himbeeren • 1 EL Zitronensaft

Außerdem:
Standmixer oder Stabmixer • feines Sieb

1 Für den Zuckersirup in einem Kochtopf 200 ml Wasser mit dem Zucker vermischen.

2 Die Mischung zum Kochen bringen und 2 Minuten köcheln lassen.

3 Den etwas abgekühlten Zuckersirup in den Mixer füllen und zusammen mit den Himbeeren und dem Zitronensaft glatt pürieren.

4 Anschließend die Sauce durch ein feines Sieb streichen, um die Kerne zu entfernen.

TIPP:
Die Himbeersauce hält sich im Kühlschrank 2 Tage. Sie kann auch gut eingefroren werden.

PERFEKTE SCHLAGSAHNE

Für **300** g Sahne
Frierzeit: **10** Minuten
Vorbereitungszeit: **10** Minuten
Budget: €

300 g Sahne (mindestens 30 % Fettgehalt) • 15 g Puderzucker

Außerdem:
Elektrisches Handrührgerät

1 Um sicher zu gehen, dass die Schlagsahne steif wird, stellt man die Rührschüssel und die Rührbesen des Handrührgeräts 10 Minuten vor Gebrauch kalt, am besten im Tiefkühlfach. Die flüssige Sahne sollte ebenfalls gut gekühlt sein.

2 Die Sahne in eine Schüssel geben und auf höchster Stufe mit dem Handrührgerät steif schlagen.

3 Sobald die Schlagsahne fest genug ist, den Puderzucker zugeben und so lange weiterschlagen, bis sich auf der Sahne weiche Spitzen bilden.

ZUCKERSIRUP FÜR SORBETS UND GRANITAS

Für **1** ℓ Sirup
Zubereitungszeit: **5** Minuten
Kochzeit: **2** Minuten
Budget: €

1 kg Kristallzucker

1 In einem Kochtopf 1 ℓ Wasser mit dem Zucker erhitzen, dabei umrühren, bis sich der Zucker aufgelöst hat.

2 Die Mischung zum Kochen bringen und 2 Minuten köcheln lassen. Vom Herd nehmen und abkühlen lassen.

3 Der Sirup (auch Läuterzucker genannt) hält sich im Kühlschrank mehrere Wochen. Für die Zubereitung von Sorbets wird der Sirup mit Fruchtpüree von beliebigem Obst vermischt (Rezepte s. S. 74–102).

MANDELGEBÄCK

Ergibt **25** Kekse
Zubereitungszeit: **10** Minuten
Backzeit: **7–8** Minuten
Budget: €

2 Eiweiße • 100 g Kristallzucker • 50 g zerlassene Butter • 50 g Mehl • 50 g gehobelte Mandeln

Außerdem:
Sieb • Backpapier

1 Den Backofen auf 180 °C vorheizen. Mit einem Schneebesen die Eiweiße mit dem Zucker in einer Schüssel verrühren, aber nicht steif schlagen. Die abgekühlte zerlassene Butter und das gesiebte Mehl hinzufügen und gut unterrühren.

2 Kleine Teighäufchen auf das zuvor mit Backpapier belegte Backblech setzen und mit einem Löffelrücken verstreichen. Der Abstand sollte mindestens 3 cm betragen.

3 Die Plätzchen mit den Mandeln bestreuen und 7–8 Minuten backen. Sie sollten nicht zu viel Farbe annehmen.

4 Solange die Plätzchen noch heiß sind, über ein Nudelholz legen und dort abkühlen lassen. So erhalten sie ihre gebogene Form.

EIERBISKUITS

Ergibt **30** Kekse
Zubereitungszeit: **10** Minuten
Kochzeit: **8–10** Minuten
Budget: €

120 g weiche Butter • 125 g Kristallzucker • 1 Päckchen Vanillezucker • 4 Eiweiße • 185 g gesiebtes Mehl

Außerdem:
Spritzbeutel • Backpapier

1 Den Backofen auf 210 °C vorheizen. In einer Schüssel die Butter mit dem Zucker und Vanillezucker mischen und gut verrühren.

2 Die Eiweiße nacheinander zufügen und mit einem Schneebesen weiterrühren, bis die Masse weißcremig ist. Das Mehl insgesamt zugeben und gut unterrühren.

3 Den Teig in den Spritzbeutel füllen und auf das mit Backpapier ausgelegte Blech 5 cm lange Stäbchen spritzen.

4 Das Blech mit den Eierbiskuits in den Ofen schieben und 8–10 Minuten backen, bis sich die Ränder leicht bräunen.

KARAMELLSAUCE MIT SALZBUTTER

Ergibt **1** kleines Glas
Zubereitungszeit: **15** Minuten
Kochzeit: **10** Minuten
Budget: €

120 g Kristallzucker • 150 g Sahne • 15 g Butter • 1 Prise Fleur de Sel

Außerdem:
Glas mit Schraubverschluss

1 In einem Kochtopf mit dickem Boden den Zucker mit 1 EL Wasser erhitzen und so lange verrühren, bis sich der Zucker aufgelöst hat. Weiter kochen, bis die Masse leicht einbrennt und zu karamellisieren beginnt. Inzwischen in einem zweiten Topf die Sahne zum Kochen bringen.

2 Sobald der Zucker karamellisiert hat und goldgelb oder krokantfarben ist, die heiße Sahne vom Herd nehmen und vorsichtig zur Karamellmasse geben. Dabei kräftig verrühren. Achtung – es kann spritzen!

3 Die Butter in kleine Stücke teilen, zur Karamellmasse zugeben und gut unterrühren. Bei schwacher Hitze die Butter ganz schmelzen lassen und alles geschmeidig verrühren. Mit dem Fleur de Sel würzen.

4 Die Karamellsauce sollte wie Honig fließen. In ein Glas mit Schraubverschluss füllen und abkühlen lassen.

BAISER-RÖSCHEN

Ergibt **30** kleine Baisers
Zubereitungszeit: **15** Minuten
Backzeit: **2** Stunden
Budget: €

2 Eiweiße • 120 g Haushaltszucker • einige Tropfen Lebensmittelfarbe (rot)

Außerdem:
Elektrisches Handrührgerät • Spritzbeutel mit Sterntülle • Backpapier

1 In einer Schüssel die Eiweiße mit dem Handrührgerät zu weißem Eischnee aufschlagen. Den Backofen auf 120 °C vorheizen.

2 Sobald der Eischnee steif ist, den Zucker einrieseln lassen und einige Tropfen roter Lebensmittelfarbe zugeben, bis die Masse die gewünschte rosa Färbung hat. Dabei weiterrühren.

3 Die Baisermasse in den Spritzbeutel füllen und kleine Röschen auf das mit Backpapier ausgelegte Blech spritzen.

4 Die Baiser-Röschen im Ofen 30 Minuten backen, dann die Temperatur auf 90 °C reduzieren und 1 weitere Stunde im Ofen lassen. Immer mal wieder nachsehen. Sobald die Baisers Farbe annehmen und bräunen, muss die Backofentemperatur weiter reduziert werden. Den Backofen ausschalten und die Baisers bei geschlossener Backofentür nochmals 30 Minuten im Backofen ruhen lassen.

SELBST GEMACHT

MILCH- UND SAHNEEIS

EINFACH

Für **500** ml Eis
Zubereitungszeit: **15** Minuten
Kochzeit: **10** Minuten
Kühlzeit: **12** Stunden
Frierzeit: **2** Stunden
Budget: €

VANILLEEISCREME

150 g Sahne

Für die Vanillecreme
1 Vanilleschote • 400 ml Milch • 4 Eigelbe • 75 g Kristallzucker

Außerdem:
Elektrisches Handrührgerät • Eismaschine

1. Am Vortag eine Vanillecreme zubereiten, wie auf Seite 14 beschrieben. Über Nacht in den Kühlschrank stellen und durchkühlen lassen.

2. Für die Eiszubereitung in einer Schüssel die gut gekühlte Sahne mit Hilfe eines elektrischen Handrührgeräts steif schlagen und unter die Vanillecreme mischen und unterrühren.

3. Die Eismasse in die Eismaschine füllen und cremig fest frieren lassen (etwa 30–40 Minuten rühren lassen, das variiert je nach Herstellertyp). Sollte eine festere Konsistenz gewünscht sein, kann man das Eis für 2 Stunden ins Tiefkühlfach stellen.

VARIATIONEN:
Dieses Rezept können Sie variieren, indem Sie beispielsweise kandierte Früchte, Schokoladenstückchen, Karamellbruch oder alles, was Ihnen einfällt und schmeckt, der Eismasse zugeben.

TIPP:
Wer mag, verzichtet auf die Sahne. Das Eis wird dann nur etwas weniger cremig.

EINFACH

Für **1** ℓ Eis
Zubereitungszeit: **5** Minuten
Kochzeit: **10** Minuten
Kühlzeit: **12** Stunden
Frierzeit: **2** Stunden
Budget: €

SCHOKOEIS OHNE EI

400 ml Milch • 100 g Sahne • 100 g Kristallzucker • 1 EL Milchpulver • 150 g dunkle Schokolade (mindestens 55 % Kakaoanteil)

Außerdem:
Eismaschine

1. Am Vortag die Schokoladenmasse vorbereiten. Dafür in einem kleinen Kochtopf, die Milch, die Sahne, den Zucker und das Milchpulver zum Kochen bringen. Vom Herd nehmen und die zuvor in kleine Stücke gehackte Schokolade zugeben.

2. So lange rühren, bis alles schön cremig ist und kräftig weiterschlagen, damit sich keine Klümpchen bilden. Abkühlen lassen und über Nacht in den Kühlschrank stellen.

3. Am Tag der Eiszubereitung die Mischung in die Eismaschine füllen und cremig fest frieren lassen (etwa 30–40 Minuten rühren lassen, das variiert je nach Herstellertyp). Sollte eine festere Konsistenz gewünscht sein, kann man das Eis für 2 Stunden ins Tiefkühlfach stellen.

EINFACH

Für **1** ℓ Eis
Zubereitungszeit: **15** Minuten
Kühlzeit: **12** Stunden
Frierzeit: **2** Stunden
Budget: €

ERDBEEREIS

600 g Erdbeeren • Saft von 1 Zitrone • 130 g Kristallzucker • 100 g Sahne • 1 Eiweiß

Außerdem:
Standmixer • Sieb • Elektrisches Handrührgerät • Eismaschine

1. Die Erdbeeren im Standmixer pürieren. Die Erdbeersauce durch ein feines Sieb streichen, um die Samen zu entfernen. Zitronensaft und Zucker zugeben und alles kräftig verrühren, damit eine cremige Masse entsteht.

2. In einer Schüssel die gut gekühlte Sahne mit Hilfe eines elektrischen Handrührgeräts steif schlagen und behutsam unter die Erdbeersauce heben. Im Kühlschrank für 2 Stunden gut durchkühlen lassen.

3. In einer zweiten Schüssel das Eiweiß zu Eischnee schlagen, ebenfalls mit Hilfe eines elektrischen Handrührgeräts. Den Eischnee locker unter die Erdbeermasse ziehen.

4. Die Eismasse in die Eismaschine füllen und cremig fest frieren lassen (etwa 30–40 Minuten rühren lassen, das variiert je nach Herstellertyp). Sollte eine festere Konsistenz gewünscht sein, kann man das Eis für 2 Stunden ins Tiefkühlfach stellen.

EINFACH

Für **500** ml Eis
Zubereitungszeit: **15** Minuten
Kochzeit: **10** Minuten
Kühlzeit: **12** Stunden
Frierzeit: **2** Stunden
Budget: €

PISTAZIENEIS

4 Eigelbe • 75 g Kristallzucker • 400 ml Milch • Pistazienpaste (Fachhandel) • 30 g ungesalzene Pistazien

Außerdem:
Elektrisches Handrührgerät • Standmixer • Eismaschine

1. Am Vortag die Eigelbe mit dem Zucker in einer Schüssel schaumig schlagen, bis die Masse hell und cremig ist. Dabei verdoppelt sich das Volumen.

2. Die Milch in einen Kochtopf geben und die Pistazienpaste zugeben. Erwärmen, bis sich die Pistazienpaste in der Milch auflöst, dann zum Kochen bringen. Die Pistazienmilch unter kräftigem Rühren zu den Eigelben geben, dann das Ganze zurück in den Kochtopf füllen.

3. Bei schwacher Hitze die Zubereitung unter ständigem Rühren nochmals kurz erwärmen, ohne sie dabei zum Kochen zu bringen, bis die Masse eindickt, ähnlich wie bei der Vanillecreme (s. S. 14). Sobald die Creme am Löffelrücken hängen bleibt, vom Herd nehmen und über Nacht in den Kühlschrank stellen.

4. Am Tag der Eiszubereitung die Pistazien grob mahlen.

5. Die Eismasse in die Eismaschine füllen und cremig fest frieren lassen (etwa 30–40 Minuten rühren lassen, das variiert je nach Herstellertyp). Sobald die Zubereitung fest zu werden beginnt aber noch weich ist, grob gemahlene Pistazien zugeben. Anschließend das Eis für 2 Stunden in das Tiefkühlfach stellen, um eine festere Konsistenz zu erhalten.

TIPP:
Wenn Sie noch cremigeres Eis mögen, heben Sie unter die Pistazieneismasse 150 g geschlagene Sahne, bevor Sie sie in das Tiefkühlfach stellen.

EINFACH

Für **500** ml Eis
Zubereitungszeit: **15** Minuten
Kochzeit: **10** Minuten
Kühlzeit: **12** Stunden
Frierzeit: **2** Stunden
Budget: €

MINZEIS MIT SCHOKOSPLITTERN

4 Eigelbe • 1 EL Kristallzucker • 400 ml Milch • Minzsirup (Fachhandel) • 150 g Sahne • 50 g dunkle Schokolade

Außerdem:
Elektrisches Handrührgerät • Eismaschine

1. Am Vortag die Eigelbe mit dem Zucker in einer Schüssel schaumig schlagen, bis die Masse hell und cremig ist. Dabei verdoppelt sich das Volumen.

2. Die Milch und den Minzsirup in einen Kochtopf geben und zum Kochen bringen. Die Minzemilch unter kräftigem Rühren zu den Eigelben geben, dann das Ganze zurück in den Kochtopf füllen.

3. Bei schwacher Hitze die Zubereitung unter ständigem Rühren nochmals kurz erwärmen, ohne dabei zum Kochen zu bringen, bis die Masse eindickt, ähnlich wie bei der Vanillecreme (s. S. 14). Sobald die Creme am Löffelrücken hängen bleibt, vom Herd nehmen und über Nacht in den Kühlschrank stellen.

4. Am Tag der Eiszubereitung die gut gekühlte Sahne mit dem elektrischen Handrührgerät steif schlagen und unter die Minzecreme heben. Die Schokolade raspeln oder mit einem Messer fein hacken. Beiseitestellen.

5. Die Eismasse in die Eismaschine füllen und cremig fest frieren lassen (etwa 30–40 Minuten rühren lassen, das variiert je nach Herstellertyp). Sobald die Zubereitung fest zu werden beginnt, aber noch weich ist, die Schokoladensplitter zugeben. Anschließend das Eis für 2 Stunden in das Tiefkühlfach stellen, um eine festere Konsistenz zu erhalten.

TIPP FÜR GOURMETS:
Das Minzeis mit einer selbst gemachten Schokoladensauce (s. S. 16) übergießen und mit einem Blättchen frischer Pfefferminze garnieren.

EINFACH

Für **1** ℓ Eis
Zubereitungszeit: **10** Minuten
Frierzeit: **2** Stunden
Budget: €

FROZEN YOGHURT

500 g Naturjoghurt • 120 g Kristallzucker • 200 g Sahne

Außerdem:
Elektrisches Handrührgerät • Eismaschine

1. In einer Schüssel den Joghurt mit dem Zucker gut verrühren.

2. In einer zweiten Schüssel die gut gekühlte Sahne mit dem elektrischen Handrührgerät steif schlagen und unter die Joghurtmasse heben.

3. Die Eismasse in die Eismaschine füllen und cremig fest frieren lassen (etwa 30–40 Minuten rühren lassen, das variiert je nach Herstellertyp). Anschließend das Eis für 2 Stunden in das Tiefkühlfach stellen, um eine festere Konsistenz zu erhalten.

TIPPS:
Wer das Joghurt-Eis noch cremiger mag, kann griechischen Joghurt anstelle des Naturjoghurts verwenden. Zusammen mit einer selbst gemachten Himbeersauce (s. S. 17) ist das Eis ein Traum.

EINFACH

Für **500** ml Eis
Zubereitungszeit: **10** Minuten
Frierzeit: **2** Stunden
Budget: €

PIÑA-COLADA-EIS

1 kleine Dose Ananas • 5 cl weißer Rum • 100 ml Kokosmilch • 100 g Kokosraspel • 150 g Sahne

Außerdem:
Standmixer • Elektrisches Handrührgerät • Eismaschine

1. Die Ananasstücke mit dem Saft aus der Dose, den Rum, die Kokosmilch und -raspel in den Standmixer geben und alles glatt pürieren.

2. In einer Schüssel die gut gekühlte Sahne mit dem elektrischen Handrührgerät steif schlagen und unter das Ananaspüree heben.

3. Die Eismasse in die Eismaschine füllen und cremig fest frieren lassen (etwa 30–40 Minuten rühren lassen, das variiert je nach Herstellertyp). Anschließend das Eis für 2 Stunden in das Tiefkühlfach stellen, um eine festere Konsistenz zu erhalten.

TIPP:
Damit es beim Abmessen schneller geht, füllen Sie den Rum in ein Schnapsglas, das entspricht etwa 2 cl.

EINFACH

Für **500** ml Eis
Zubereitungszeit: **10** Minuten
Kühlzeit: **6** Stunden
Budget: €

LAVENDEL-HONIG-EIS

150 g Honig • 3 EL Lavendelblüten • 350 g Sahne

Außerdem:
Eismaschine

1. In einem Kochtopf den Honig erwärmen, bis er flüssig wird. Die Lavendelblüten grob zerstoßen und zu dem Honig geben.

2. Den Topf vom Herd nehmen und die Sahne zugeben. Alles gut aufschlagen, bis eine cremige Masse entstanden ist.

3. Die Eismasse im Kühlschrank für 6 Stunden gut durchkühlen lassen, um sie anschließend in der Eismaschine cremig fest frieren zu lassen. Sobald sie fertig gerührt ist, sofort servieren. Dazu passen knusprige Kekse, Mandelgebäck nach Rezept von Seite 20 oder Eierbiskuits (s. S. 21).

TIPP:
Am besten gelingt dieses Eis mit einem Lavendelhonig bester Qualität.

EINFACH

Für **500** ml Eis
Zubereitungszeit: **15** Minuten
Kochzeit: **10** Minuten
Kühlzeit: **12** Stunden
Frierzeit: **2** Stunden
Budget: €

KOKOS-EIS

3 Eier • 200 ml Kaffeesahne • 200 ml Kokosmilch (Konserve) • 50 g Kokosraspel

Außerdem:
Elektrisches Handrührgerät • Eismaschine

1. Am Vortag die Eier trennen. Dabei die Eiweiße in ein Schälchen geben und in den Kühlschrank stellen. In einer Schüssel die Eigelbe schaumig schlagen, bis die Masse hell und cremig ist. Die Kaffeesahne und die Kokosmilch zugeben.

2. Die Zubereitung in einen Kochtopf gießen und bei schwacher Hitze unter ständigem Rühren erwärmen, ohne sie dabei zum Kochen zu bringen, bis die Masse eindickt.

3. Den Topf vom Herd nehmen und die Kokosraspel zugeben. Abkühlen lassen und über Nacht in den Kühlschrank stellen.

4. Am Tag der Eiszubereitung die gekühlten Eiweiße mit dem elektrischen Handrührgerät steif schlagen und locker unter die Kokosmasse ziehen.

5. Die Eismasse in die Eismaschine füllen und cremig fest frieren lassen (etwa 30–40 Minuten rühren lassen, das variiert je nach Herstellertyp). Anschließend das Eis für 2 Stunden in das Tiefkühlfach stellen, um eine festere Konsistenz zu erhalten.

TIPP:
Kokos-Sahne (im Bio-Laden unter Kokos-Schlagcreme zu finden) ist noch besser, die Kokosmilch in der Dose ist häufig mit Wasser verdünnt.

EINFACH

Für **1** ℓ Eis
Zubereitungszeit: **15** Minuten
Kochzeit: **10** Minuten
Kühlzeit: **12** Stunden
Frierzeit: **2** Stunden
Budget: €€

MATCHA-GRÜNTEE-EIS

4 Eigelbe • 100 g Kristallzucker • 300 ml Milch • 300 g Sahne • 2 EL Matcha-Grünteepulver

Außerdem:
Sieb • Eismaschine

1. Am Vortag die Eigelbe mit dem Zucker in einer Schüssel kräftig schlagen, bis die Masse hell und cremig ist. Dabei verdoppelt sich das Volumen.

2. Die Milch in einen Kochtopf geben und zum Kochen bringen. Etwas abkühlen lassen. Unter kräftigem Rühren zu den Eigelben geben, dann das Ganze zurück in den Kochtopf füllen. Bei schwacher Hitze die Zubereitung unter ständigem Rühren nochmals kurz erwärmen, ohne sie dabei zum Kochen zu bringen, bis die Masse eindickt, ähnlich wie bei der Vanillecreme (s. S. 14).

3. Den Topf vom Herd nehmen und die Sahne zusammen mit dem Matcha-Tee zugeben. Alles durch ein Sieb streichen und über Nacht in den Kühlschrank stellen.

4. Am Tag der Eiszubereitung die Zubereitung in die Eismaschine füllen und cremig fest frieren lassen (etwa 30–40 Minuten rühren lassen, das variiert je nach Herstellertyp). Anschließend das Eis für 2 Stunden in das Tiefkühlfach stellen, um eine festere Konsistenz zu erhalten.

TIPP:
Matcha-Tee ist japanischer Grüntee in Pulverform, den es in Bio-Läden gibt. Da er leicht bitter im Geschmack ist, sollte man ihn vorsichtig dosieren.

EINFACH

Für **500** ml Eis
Zubereitungszeit: **15** Minuten
Kühlzeit: **2** Stunden
Frierzeit: **2** Stunden
Budget: €

TIRAMISU-EIS

2 Eier • 50 g Kristallzucker • 200 g Mascarpone • 100 g Sahne • 10 Löffelbiskuits • 100 ml starker Kaffee • Kakaopulver

Außerdem:
Elektrisches Handrührgerät • Eismaschine

1. Die Eier trennen. Dabei die Eiweiße in ein Schälchen geben und in den Kühlschrank stellen. In einer Schüssel die Eigelbe zusammen mit dem Zucker schlagen, bis die Masse hell und cremig ist. Den Mascarpone zugeben und alles kräftig verrühren.

2. In einer zweiten Schüssel die gut gekühlte Sahne mit dem elektrischen Handrührgerät steif schlagen und unter die Mascarponemasse heben. Die gekühlten Eiweiße mit dem elektrischen Handrührgerät steif schlagen und ebenfalls locker unter die Masse ziehen.

3. Die Löffelbiskuits grob zerstoßen, mit dem Kaffee tränken und der Zubereitung zugeben. Alles gut verrühren und im Kühlschrank für 2 Stunden ziehen lassen. Die Zubereitung sollte sehr kalt sein, damit das Eis in der Eismaschine gut cremig fest frieren kann.

4. Die Eismasse in die Eismaschine füllen und etwa 30 Minuten rühren lassen. Anschließend das Eis für 2 Stunden in das Tiefkühlfach stellen, um eine festere Konsistenz zu erhalten.

5. Um besonders schöne Eiskugeln formen zu können, das Eis 5–10 Minuten vor dem Servieren aus dem Tiefkühlfach nehmen und mit dem Kakaopulver bestäuben.

TIPP:
Besonders einfach lassen sich die Biskuits zerstoßen, wenn man sie in einen Gefrierbeutel gibt und mit dem Nudelholz klein stößt.

EINFACH

Für **500** ml Eis
Zubereitungszeit: **15** Minuten
Kochzeit: **5** Minuten
Kühlzeit: **12** Stunden
Frierzeit: **2** Stunden
Budget: €

KARAMELLEIS MIT SALZBUTTER

4 Eigelbe • 30 g Kristallzucker • 400 ml Milch • 150 g selbst gemachte Karamellsauce mit Salzbutter (s. S. 22) • 200 g Sahne

Außerdem:
Elektrisches Handrührgerät • Eismaschine

1. Am Vortag die Eigelbe mit dem Zucker in einer Schüssel schaumig schlagen, bis die Masse hell und cremig ist. Dabei verdoppelt sich das Volumen.

2. In einen Kochtopf die Milch und die Karamellsauce geben und unter Rühren erhitzen, bis das Karamell geschmolzen ist. Unter kräftigem Rühren zur Eigelbmasse geben, dann das Ganze zurück in den Kochtopf füllen. Bei schwacher Hitze die Zubereitung unter ständigem Rühren nochmals kurz erwärmen, ohne sie zum Kochen zu bringen, bis die Masse eindickt, ähnlich wie bei der Vanillecreme (s. S. 14). Den Topf vom Herd nehmen und abkühlen lassen. Über Nacht in den Kühlschrank stellen.

3. Am Tag der Eiszubereitung die gut gekühlte Sahne mit dem elektrischen Handrührgerät steif schlagen und locker unter die Karamellmasse ziehen.

4. In die Eismaschine füllen und cremig fest frieren lassen (etwa 30–40 Minuten rühren lassen, das variiert je nach Herstellertyp). Anschließend das Eis für 2 Stunden in das Tiefkühlfach stellen, um eine festere Konsistenz zu erhalten.

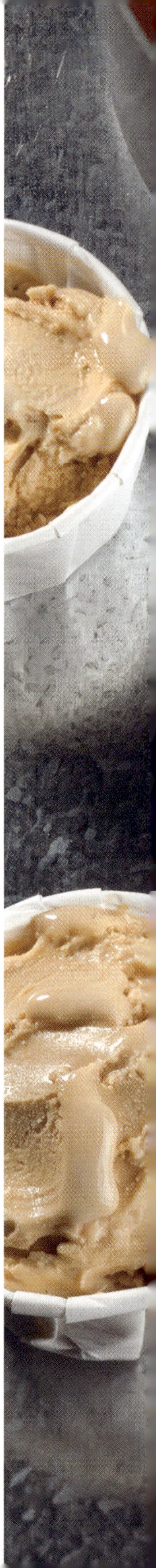

TIPP
Dieses Karamelleis zusammen mit Bratäpfeln ist eine Sensation.

EINFACH

Für **500** ml Eis
Zubereitungszeit: **15** Minuten
Kochzeit: **10** Minuten
Kühlzeit: **12** Stunden
Frierzeit: **2** Stunden
Budget: €

SPEKULATIUS-EIS

4 Eigelbe • 20 g Kristallzucker • 400 ml Milch • 200 g Spekulatius • 150 g Sahne

Außerdem:
Standmixer • elektrisches Handrührgerät • Eismaschine

1. Am Vortag die Eigelbe mit dem Zucker in einer Schüssel schaumig schlagen, bis die Masse hell und cremig ist. Dabei verdoppelt sich das Volumen.

2. In einem Kochtopf die Milch zum Kochen bringen und etwas abkühlen lassen. Unter kräftigem Rühren die Milch zur Eigelbmasse geben, dann das Ganze zurück in den Kochtopf füllen. Bei schwacher Hitze die Zubereitung unter ständigem Rühren nochmals kurz erwärmen, ohne sie dabei zum Kochen zu bringen, bis die Masse zur Vanillecreme eindickt (s. S. 14). Sobald die Creme am Löffelrücken hängen bleibt, vom Herd nehmen.

3. Die Spekulatius kurz im Mixer zu Krümeln verarbeiten und unter die Vanillecreme mischen.

4. Am Tag der Eiszubereitung die gut gekühlte Sahne mit dem elektrischen Handrührgerät steif schlagen und locker unter die Spekulatiusmasse ziehen.

5. Die Eismasse in die Eismaschine füllen und cremig fest frieren lassen (etwa 30–40 Minuten rühren lassen, das variiert je nach Herstellertyp). Anschließend das Eis für 2 Stunden in das Tiefkühlfach stellen, um eine festere Konsistenz zu erhalten.

EINFACH

Für **1** ℓ Eis
Zubereitungszeit: **15** Minuten
Kochzeit: **10** Minuten
Kühlzeit: **12** Stunden
Frierzeit: **2** Stunden
Budget: €

WEISSES SCHOKOLADENEIS MARMORIERT MIT HIMBEEREN

200 g weiße Schokolade • 400 ml Milch • 200 g Sahne • 4 Eigelbe • 20 g Kristallzucker • 50 g Himbeersauce (selbst gemacht, s. S. 17) oder fertig gekauft

Außerdem:
Eismaschine

1. Am Vortag die weiße Schokolade mit einem Messer grob hacken und in eine Schüssel geben. In einem Kochtopf die Milch und die Sahne zum Kochen bringen. Zur Schokolade geben und so lange rühren, bis die Masse cremig ist.

2. In einer zweiten Schüssel die Eigelbe zusammen mit dem Zucker schaumig schlagen, bis die Masse hell und cremig ist. Die lauwarme Schokoladenmilch unter Rühren zugeben. Die Zubereitung zurück in den Kochtopf füllen und bei schwacher Hitze unter ständigem Rühren nochmals kurz erwärmen, ohne sie dabei zum Kochen zu bringen, bis die Masse eindickt (s. S. 14). Sobald die Creme am Löffelrücken hängen bleibt, vom Herd nehmen. Abkühlen lassen und über Nacht in den Kühlschrank stellen.

3. Am Tag der Eiszubereitung die Schokoladenmasse in die Eismaschine füllen und cremig fest frieren lassen (etwa 30–40 Minuten rühren lassen, das variiert je nach Herstellertyp). Sobald die Zubereitung fest zu werden beginnt, aber noch weich ist, die Himbeersauce zugeben und noch einige Sekunden in der Eismaschine rühren lassen. Anschließend das Eis für 2 Stunden in das Tiefkühlfach stellen, um eine festere Konsistenz zu erhalten.

4. Für die Zubereitung ohne Eismaschine genügt es, die Eismasse in einen Behälter zu geben und in das Tiefkühlfach zu stellen. Damit sich keine Kristalle bilden, muss immer wieder umgerührt werden. Sobald das Eis fester wird, die Himbeersauce zugeben und mit Hilfe eines kleinen Löffels unter das Eis ziehen, so dass ein Marmorierungseffekt entsteht.

VARIATION:
Anstelle der Himbeersauce kann auch die Schokoladensauce (s. S. 16) oder die Karamellsauce mit Salzbutter (s. S. 22) verwendet werden.

TIPP:
Vorsicht, die Himbeersauce darf nicht zu früh zugegeben werden, sonst »fließt« das Muster und es entsteht kein Marmoreffekt.

EINFACH

Für **500** ml Eis
Zubereitungszeit: **15** Minuten
Ziehen lassen: **30** Minuten
Kochzeit: **10** Minuten
Kühlzeit: **12** Stunden
Frierzeit: **2** Stunden
Budget: €

MARONENEIS

1 Vanilleschote • 400 ml Milch • 4 Eigelbe • 20 g Kristallzucker • 500 g Maronencreme

Außerdem:
Sieb • elektrisches Handrührgerät • Eismaschine

1. Am Vortag die Vanilleschote längs aufschlitzen, das Mark herauskratzen. In einem Kochtopf die Milch zusammen mit dem Vanillemark und der -schote sanft erhitzen und 30 Minuten ziehen lassen. Die Milch durch ein Sieb gießen und dabei die Vanilleschote entfernen, beiseitestellen und leicht abkühlen lassen.

2. In einer Schüssel die Eigelbe mit dem elektrischen Handrührgerät gut aufschlagen und den Zucker zugeben. So lange rühren, bis die Masse hellgelb und dickcremig wird. Unter ständigem Rühren die lauwarme Milch über die Eier-Zucker-Masse gießen.

3. Alles zurück in den Kochtopf geben und nochmals sanft erhitzen. Bei schwacher Hitze die Zubereitung unter ständigem Rühren nochmals kurz erwärmen, ohne sie dabei zum Kochen zu bringen, bis die Vanillesauce eindickt (s. S. 14). Sobald die Creme am Löffelrücken hängen bleibt, vom Herd nehmen. Abkühlen lassen und über Nacht in den Kühlschrank stellen.

4. Am Tag der Eiszubereitung die Maronencreme sorgfältig untermischen.

5. Die Eismasse in die Eismaschine füllen und cremig fest frieren lassen (etwa 30–40 Minuten rühren lassen, das variiert je nach Herstellertyp). Anschließend das Eis für 2–3 Stunden in das Tiefkühlfach stellen, um eine festere Konsistenz zu erhalten.

TIPP:
Mit kandierten Maronenstückchen servieren.

EINFACH

Für **1** ℓ Eis
Zubereitungszeit: **15** Minuten
Ziehen lassen: **30** Minuten
Kochzeit: **10** Minuten
Kühlzeit: **12** Stunden
Frierzeit: **2** Stunden
Budget: €

RUM-ROSINEN-EIS

120 g Rosinen • 6 cl weißer Rum • 1 Vanilleschote • 400 ml Milch • 4 Eigelbe • 75 g Kristallzucker • 150 g Sahne

Außerdem:
Sieb • elektrisches Handrührgerät • Eismaschine

1. Die Rosinen in Rum einlegen und über Nacht darin ziehen lassen. Andernfalls kann man sie kurz in Wasser erhitzen und einige Minuten leicht kochen lassen. Anschließend im Rum ziehen lassen.

2. Die Vanilleschote längs aufschlitzen, das Mark herauskratzen. In einem Kochtopf die Milch zusammen mit dem Vanillemark und der -schote sanft erhitzen und 30 Minuten ziehen lassen. Die Milch durch ein Sieb gießen und dabei die Vanilleschote entfernen, beiseitestellen und leicht abkühlen lassen.

3. In einer Schüssel die Eigelbe und den Zucker mit dem elektrischen Handrührgerät gut aufschlagen. So lange rühren, bis die Masse hellgelb und dickcremig wird. Unter ständigem Rühren die lauwarme Milch über die Eier-Zucker-Masse gießen.

4. Alles zurück in den Kochtopf geben und nochmals sanft erhitzen. Bei schwacher Hitze die Zubereitung unter ständigem Rühren nochmals kurz erwärmen, ohne sie dabei zum Kochen zu bringen, bis die Vanillesauce eindickt (s. S. 14). Sobald die Creme am Löffelrücken hängen bleibt, vom Herd nehmen. Abkühlen lassen und über Nacht in den Kühlschrank stellen.

5. Am Tag der Eiszubereitung mit dem elektrischen Handrührgerät die gut gekühlte Sahne steif schlagen und locker unter die Vanillecreme heben.

6. In die Eismaschine füllen und cremig fest frieren lassen (etwa 30–40 Minuten rühren lassen, das variiert je nach Herstellertyp). Sobald die Zubereitung fest zu werden beginnt, aber noch weich ist, die Rosinen zugeben und noch 2 Minuten in der Eismaschine rühren lassen. Anschließend das Eis für 2 Stunden in das Tiefkühlfach stellen, um eine festere Konsistenz zu erhalten.

TIPP:
Ein kleines Schnapsglas hat ein Volumen von 2 cl.

EINFACH

Für **500** ml Eis
Zubereitungszeit: **10** Minuten
Ziehen lassen: **30** Minuten
Kochzeit: **10** Minuten
Kühlzeit: **12** Stunden
Frierzeit: **2–3** Stunden
Budget: €

KAUBONBON-EIS

15 Kaubonbons • 400 ml Milch • 150 g Sahne • 4 Eigelbe • 20 g Kristallzucker • einige Tropfen rote Lebensmittelfarbe

Außerdem:
Sieb • Eismaschine

1. Am Vortag die Kaubonbons zusammen mit der Milch und Sahne in einen Kochtopf geben und erhitzen, bis sie geschmolzen sind. Noch 30 Minuten ziehen lassen. Die Milch durch ein Sieb gießen und beiseitestellen.

2. In einer Schüssel die Eigelbe mit dem Zucker schaumig schlagen, bis die Masse hellgelb und dickcremig wird. Unter ständigem Rühren die Milch über die Eier-Zucker-Masse gießen.

3. Alles zurück in den Kochtopf geben und nochmals sanft erhitzen. Bei schwacher Hitze die Zubereitung unter ständigem Rühren nochmals kurz erwärmen, ohne sie dabei zum Kochen zu bringen, bis die Masse eindickt (s. S. 14). Sobald die Creme am Löffelrücken hängen bleibt, vom Herd nehmen und mit einigen Tropfen der Lebensmittelfarbe rosa einfärben. Über Nacht in den Kühlschrank stellen.

4. Am Tag der Zubereitung die Masse in die Eismaschine füllen und cremig fest frieren lassen (etwa 30–40 Minuten rühren lassen, das variiert je nach Herstellertyp). Wenn man das Eis noch fester haben möchte, kann man es nochmals für 2–3 Stunden in das Tiefkühlfach stellen, um eine festere Konsistenz zu erhalten.

MALABAR

EINFACH

Für **500** ml Eis
Zubereitungszeit: **5** Minuten
Kochzeit: **10** Minuten
Kühlzeit: **12** Stunden
Frierzeit: **2** Stunden
Budget: €

KAFFEE-CREMEEIS

4 Eigelbe • 75 g Kristallzucker • 400 ml Milch • 150 g Sahne • 1 Tl löslicher Kaffee • 100 ml starker Kaffee oder Espresso

Außerdem:
Eismaschine

1. Am Vortag in einer Schüssel die Eigelbe mit dem elektrischen Handrührgerät gut aufschlagen und den Zucker zugeben. So lange rühren, bis die Masse hellgelb und dickcremig wird.

2. In einem Kochtopf die Milch mit der Sahne und dem löslichen Kaffeepulver erhitzen und unter ständigem Rühren über die Eier-Zucker-Masse gießen.

3. Alles zurück in den Kochtopf geben. Bei schwacher Hitze die Zubereitung unter ständigem Rühren nochmals kurz erwärmen, ohne sie dabei zum Kochen zu bringen, wie beim Rezept für die Vanillecreme (s. S. 14). Sobald die Creme am Löffelrücken hängen bleibt, vom Herd nehmen.

4. Den Kaffee oder Espresso unterrühren. Abkühlen lassen und über Nacht in den Kühlschrank stellen.

5. Am Tag der Zubereitung die Masse in die Eismaschine füllen und cremig fest frieren lassen (etwa 30–40 Minuten rühren lassen, das variiert je nach Herstellertyp). Anschließend das Eis für 2 Stunden in das Tiefkühlfach stellen, um eine festere Konsistenz zu erhalten.

EINFACH

Für **1** ℓ Eis
Zubereitungszeit: **15** Minuten
Kochzeit: **10** Minuten
Kühlzeit: **5** Stunden
Frierzeit: **2** Stunden
Budget: €€

HIMBEEREIS MIT MASCARPONE

350 g Himbeeren • Saft von 1 Zitrone • 200 g Mascarpone • 150 g Kristallzucker • 100 g Sahne

Außerdem:
Sieb • elektrisches Handrührgerät • Eismaschine

1. In einem Kochtopf die Himbeeren mit dem Zitronensaft 10 Minuten sanft erhitzen. Alles durch ein Sieb streichen, dabei die Früchte möglichst fest auspressen und den Saft auffangen. Abkühlen lassen und für 1 Stunde in den Kühlschrank stellen.

2. In einer Schüssel den Mascarpone mit dem Zucker gut verrühren, bis die Masse cremig ist. Die vorgekühlte Himbeersauce zugeben und untermischen. Nochmals für 4 Stunden in den Kühlschrank stellen.

3. Die gut gekühlte Sahne mit dem elektrischen Handrührgerät steif schlagen und locker unter die Himbeer-Mascarpone-Masse ziehen.

4. Die Zubereitung in die Eismaschine füllen und cremig fest frieren lassen (etwa 30–40 Minuten rühren lassen, das variiert je nach Herstellertyp). Anschließend das Eis für 2 Stunden in das Tiefkühlfach stellen, um eine festere Konsistenz zu erhalten.

EINFACH

Für **500** ml Eis
Zubereitungszeit: **15** Minuten
Kochzeit: **10** Minuten
Kühlzeit: **12** Stunden
Frierzeit: **2** Stunden
Budget: €

NUTELLA®-EIS

4 Eigelbe • 20 g Kristallzucker • 400 ml Milch • 200 g Nutella®

Außerdem:
Elektrisches Handrührgerät • Eismaschine

1. In einer Schüssel die Eigelbe und den Zucker schaumig schlagen, bis die Masse hellgelb und dickcremig wird. In einem Kochtopf die Milch zum Kochen bringen, etwas abkühlen lassen und unter ständigem Rühren über die Eier-Zucker-Masse gießen.

2. Alles zurück in den Kochtopf geben und bei schwacher Hitze unter ständigem Rühren nochmals kurz erwärmen, ohne die Zubereitung dabei zum Kochen zu bringen, wie beim Rezept für die Vanillecreme (s. S. 14). Sobald die Creme am Löffelrücken hängen bleibt, die Nutella®-Creme untermischen und alles gut verrühren. Gegebenenfalls kann alles nochmals mit dem elektrischen Handrührgerät verrührt werden.

3. Die Zubereitung in die Eismaschine füllen und cremig fest frieren lassen (etwa 30–40 Minuten rühren lassen, das variiert je nach Herstellertyp). Anschließend das Eis für 2 Stunden in das Tiefkühlfach stellen, um eine festere Konsistenz zu erhalten.

EINFACH

Für **500** ml Eis
Zubereitungszeit: **10** Minuten
Kochzeit: **15** Minuten
Kühlzeit: **6** Stunden
Frierzeit: **2** Stunden
Budget: €€

BROMBEEREIS

300 g Brombeeren • 60 g Kristallzucker • 1 griechischer Joghurt (120 g) • 200 g Sahne

Außerdem:
Sieb • elektrisches Handrührgerät • Eismaschine

1. Die Brombeeren säubern und in einem Kochtopf mit 1 Esslöffel Wasser etwa 15 Minuten sanft einkochen.

2. Alles durch ein Sieb streichen, dabei die Früchte möglichst fest auspressen und den Saft in einer Schüssel auffangen. Gut abtropfen lassen, um möglichst viel Saft zu gewinnen.

3. Den Zucker und den Joghurt zugeben. Alles gut verrühren und für mindestens 6 Stunden in den Kühlschrank stellen.

4. In einer zweiten Schüssel die gut gekühlte Sahne mit dem elektrischen Handrührgerät steif schlagen und locker unter die Brombeer-Joghurt-Masse ziehen.

5. Die Zubereitung in die Eismaschine füllen und cremig fest frieren lassen (etwa 30–40 Minuten rühren lassen, das variiert je nach Herstellertyp). Anschließend das Eis für 2 Stunden in das Tiefkühlfach stellen, um eine festere Konsistenz zu erhalten.

TIPP:
Damit der Geschmack noch intensiver wird, eignen sich frisch gepflückte Brombeeren am besten.

EINFACH

Für **1** ℓ Eis
Zubereitungszeit: **15** Minuten
Ziehen lassen: **30** Minuten
Kochzeit: **10** Minuten
Kühlzeit: **12** Stunden
Frierzeit: **2** Stunden
Budget: €

STRACCIATELLA-EIS

1 Vanilleschote • 400 ml Milch • 300 g Sahne • 20 g Milchpulver • 4 Eigelbe • 150 g Kristallzucker • 100 g dunkle Schokolade

Außerdem:
Sieb • elektrisches Handrührgerät • Eismaschine

1. Am Vortag die Vanilleschote längs aufschlitzen, das Mark herauskratzen. In einem Kochtopf die Milch und Sahne zusammen mit dem Vanillemark, der -schote und dem Milchpulver für einige Minuten köcheln und 30 Minuten ziehen lassen.

2. Die Milch durch ein Sieb gießen und dabei die Vanilleschote entfernen, beiseitestellen und abkühlen lassen. In einer Schüssel die Eigelbe und den Zucker mit dem elektrischen Handrührgerät kräftig schlagen, bis die Masse hellgelb und dickcremig wird.

3. Unter ständigem Rühren die lauwarme Milch über die Eier-Zucker-Masse gießen. Alles zurück in den Kochtopf geben und unter ständigem Rühren nochmals kurz erwärmen, ohne die Zubereitung dabei zum Kochen zu bringen, wie beim Rezept für die Vanillecreme (s. S. 14). Sobald die Creme am Löffelrücken hängen bleibt, vom Herd nehmen. Abkühlen lassen und über Nacht in den Kühlschrank stellen.

4. Am Tag der Eiszubereitung die Schokolade mit einem Messer fein hacken und sorgfältig untermischen. Alles in die Eismaschine füllen und cremig fest frieren lassen (etwa 30–40 Minuten rühren lassen, das variiert je nach Herstellertyp). Sobald die Zubereitung fest zu werden beginnt, aber noch weich ist, die Stracciatella-Stückchen zugeben. Anschließend das Eis für 2 Stunden in das Tiefkühlfach stellen, um eine festere Konsistenz zu erhalten.

EINFACH

Für **1** ℓ Eis
Zubereitungszeit: **15** Minuten
Ziehen lassen: **30** Minuten
Kochzeit: **10** Minuten
Kühlzeit: **12** Stunden
Frierzeit: **2** Stunden
Budget: €

KINDER-KARAMELLEIS

1 Vanilleschote • 400 ml Milch • 30 Karamell-Bonbons • 4 Eigelbe • 60 g Kristallzucker • 100 g Sahne

Außerdem:
Elektrisches Handrührgerät • Eismaschine

1. Am Vortag die Vanilleschote längs aufschlitzen, das Mark herauskratzen. In einem Kochtopf die Milch zusammen mit dem Vanillemark und 20 Karamell-Bonbons erhitzen. Dabei immer wieder umrühren, bis die Bonbons geschmolzen sind.

2. In einer Schüssel die Eigelbe und den Zucker mit dem elektrischen Handrührgerät schaumig schlagen, bis die Masse hellgelb und dickcremig wird. Unter ständigem Rühren die lauwarme Milch über die Eier-Zucker-Masse gießen. Alles zurück in den Kochtopf geben und unter ständigem Rühren nochmals kurz erwärmen, ohne die Zubereitung dabei zum Kochen zu bringen, wie beim Rezpet für die Vanillecreme (s. S. 14). Sobald die Creme am Löffelrücken hängen bleibt, vom Herd nehmen. Abkühlen lassen und über Nacht in den Kühlschrank stellen.

3. Am Tag der Eiszubereitung die restlichen Karamell-Bonbons mit einem großen Messer fein hacken.

4. In einer Schüssel die gut gekühlte Sahne mit dem elektrischen Handrührgerät steif schlagen und locker unter die Karamellmasse ziehen.

5. Alles in die Eismaschine füllen und cremig fest frieren lassen (etwa 30–40 Minuten rühren lassen, das variiert je nach Herstellertyp). Sobald die Zubereitung fest zu werden beginnt, aber noch weich ist, die Karamell-Stückchen zugeben. Anschließend das Eis für 2 Stunden in das Tiefkühlfach stellen, um eine festere Konsistenz zu erhalten.

Daim
Daim
Daim

SELBST GEMACHT

SORBETS

EINFACH

Für **500** ml Sorbet
Zubereitungszeit: **10** Minuten
Kochzeit: **10** Minuten
Kühlzeit: **12** Stunden
Frierzeit: **2** Stunden
Budget: €€

HIMBEERSORBET

600 g Himbeeren • 130 g Kristallzucker (wenn den Himbeeren Süße fehlt etwas mehr) • 1 TL Speisestärke

Außerdem:
Kartoffelpresse • Sieb • Eismaschine • Stabmixer

1. Am Vortag die Himbeeren mit 150 ml Wasser in einen Topf mit schwerem Boden geben und erhitzen. 10 Minuten köcheln lassen.

2. Über einer Schüssel das Himbeerpüree durch eine Kartoffelpresse drücken, um möglichst viel Saft zu gewinnen. Anschließend noch durch ein Sieb streichen.

3. Den Zucker und die Speisestärke zugeben. Alles so lange verrühren, bis der Zucker sich ganz aufgelöst hat. Die Mischung über Nacht im Kühlschrank durchziehen lassen.

4. Am Tag der Eiszubereitung alles in die Eismaschine füllen und gefrieren lassen (etwa 30–40 Minuten, das variiert je nach Herstellertyp). Anschließend noch für 2 Stunden in das Tiefkühlfach stellen. Vor dem Servieren mit dem Stabmixer pürieren, damit die Eiskristalle zerkleinert werden und das Sorbet schön cremig wird.

TIPP:
Durch etwas Speisestärke wird das Sorbet lockerer. Man kann es auch durch ein zu Eischnee aufgeschlagenes Eiweiß ersetzen. Es wird dann ganz zum Schluss zugegeben, sobald die Zubereitung in der Eismaschine fest zu werden beginnt, aber noch weich ist.

EINFACH

Für **500** ml Sorbet
Zubereitungszeit: **10** Minuten
Kochzeit: **2** Minuten
Kühlzeit: **6** Stunden
Frierzeit: **2** Stunden
Budget: €

ERDBEER-BASILIKUM-SORBET

600 g Erdbeeren • Saft von 1 Zitrone • 150 g Kristallzucker • 1 Eiweiß • 10 Blättchen Basilikum

Außerdem:
Standmixer • elektrisches Handrührgerät • Eismaschine • Stabmixer

1. Die gesäuberten Erdbeeren mit dem Zitronensaft im Mixer glatt pürieren.

2. Für den Zuckersirup den Zucker mit 150 ml Wasser in einen Topf mit schwerem Boden geben und zum Kochen bringen. 2 Minuten köcheln lassen. Abkühlen lassen, zu dem Fruchtpüree geben und gut vermischen. Alles für mindestens 6 Stunden in den Kühlschrank stellen.

3. Das Eiweiß in einer Schüssel mit Hilfe des elektrischen Handrührgeräts zu Eischnee aufschlagen und unter die gut gekühlte Himbeermischung heben.

4. Die Masse in die Eismaschine füllen und gefrieren lassen (etwa 30–40 Minuten, das variiert je nach Herstellertyp). Kurz bevor das Sorbet fertig ist, die Basilikum-Blättchen zugeben und noch einige Minuten rühren lassen. Anschließend noch für 2 Stunden in das Tiefkühlfach stellen. Vor dem Servieren mit dem Stabmixer pürieren, damit die Eiskristalle zerkleinert werden und das Sorbet schön cremig wird.

TIPP:
Wen die Fruchtkernchen stören, der kann das Himbeerpüree zusätzlich durch ein Sieb streichen, bevor es zum Zuckersirup gegeben wird.

FÜR KÖNNER

Ergibt **6** Frozen Lemons
Zubereitungszeit: **10** Minuten
Kochzeit: **2** Minuten
Kühlzeit: **6** Stunden
Frierzeit: **2** Stunden
Budget: €

FROZEN LEMONS

6 große Zitronen • 200 g Kristallzucker • 2 Eiweiße • 10 Blättchen Basilikum

Außerdem:
Saftpresse • Sieb • elektrisches Handrührgerät • Eismaschine (nach Belieben)

1. Am Vortag die Zitronen im oberen Drittel aufschneiden. Damit die Zitronen ein »Füßchen« bekommen, die untere Seite flach schneiden. Mit einer Saftpresse beide Hälften vorsichtig auspressen und den Saft beiseitestellen.

2. Das restliche Fruchtfleisch mit Hilfe eines scharfen Küchenmessers aus den Zitronenhälften lösen und gut auspressen, durch ein Sieb streichen und zum übrigen Zitronensaft geben.

3. Für den Zuckersirup den Zucker mit 200 ml Wasser in einen Topf mit schwerem Boden geben und zum Kochen bringen. 2 Minuten köcheln lassen. Abkühlen lassen und mit dem Zitronensaft mischen. Alles über Nacht in den Kühlschrank stellen.

4. Am Tag der Eiszubereitung die Eiweiße in einer Schüssel mit Hilfe des elektrischen Handrührgeräts zu Eischnee aufschlagen und unter die gut gekühlte Zitronenmischung heben.

5. Die Masse in die Eismaschine füllen und gefrieren lassen (etwa 30–40 Minuten, das variiert je nach Herstellertyp). Das fertige Sorbet in die vorbereiteten Zitronen füllen und die Zitronenhütchen aufsetzen. Anschließend die Frozen Lemons für mindestens 4 Stunden vor dem Servieren in das Tiefkühlfach geben.

TIPP:
10 Minuten vor dem Servieren die Frozen Lemons aus dem Tiefkühlfach nehmen.

EINFACH

Für **500** ml Sorbet
Zubereitungszeit: **10** Minuten
Kochzeit: **2** Minuten
Kühlzeit: **12** Stunden
Frierzeit: **2** Stunden
Budget: €€

INGWER-LIMETTEN-SORBET

10–11 Limetten • 200 g Kristallzucker • 10 g frischer Ingwer

Außerdem:
Saftpresse • Sieb • Eismaschine • Stabmixer

1. Am Vortag die Limetten auspressen, um 250 ml Limettensaft zu erhalten. Durch ein Sieb gießen.

2. Für den Zuckersirup 200 ml Wasser mit dem Zucker in einen Topf mit schwerem Boden geben und zum Kochen bringen. 2 Minuten köcheln lassen. Zum Abkühlen beiseitestellen.

3. In der Zwischenzeit den Ingwer schälen, fein reiben und mit dem Limettensaft mischen. Den abgekühlten Zuckersirup ebenfalls zugeben und verrühren. Alles über Nacht in den Kühlschrank stellen.

4. Am Tag der Eiszubereitung alles in die Eismaschine füllen und gefrieren lassen (etwa 30–40 Minuten, das variiert je nach Herstellertyp). Anschließend noch für 2 Stunden in das Tiefkühlfach stellen. Vor dem Servieren mit dem Stabmixer pürieren, damit die Eiskristalle zerkleinert werden und das Sorbet schön cremig wird.

EINFACH

Für **1** ℓ Sorbet
Zubereitungszeit: **10** Minuten
Kochzeit: **12** Minuten
Kühlzeit: **6** Stunden
Frierzeit: **2** Stunden
Budget: €€

CASSIS-SORBET

150 g Kristallzucker • 600 g schwarze Johannisbeeren, von den Rispen gestreift • Saft von 1 Zitrone • 1 Eiweiß

Außerdem:
Sieb • elektrisches Handrührgerät • Eismaschine • Stabmixer

1. Für den Zuckersirup den Zucker mit 150 ml Wasser in einen Topf mit schwerem Boden geben und zum Kochen bringen. 2 Minuten köcheln lassen. Zum Abkühlen beiseitestellen.

2. In einem Kochtopf die Johannisbeeren mit dem Zitronensaft 10 Minuten köcheln lassen. Das Fruchtpüree durch ein Sieb streichen, dabei fest andrücken, um möglichst viel Saft zu gewinnen.

3. Den Johannisbeersaft zu dem abgekühlten Zuckersirup geben und verrühren. Die Mischung mindestens 6 Stunden in den Kühlschrank stellen.

4. Alles in die Eismaschine füllen und gefrieren lassen (etwa 30–40 Minuten, das variiert je nach Herstellertyp). Anschließend noch für 2 Stunden in das Tiefkühlfach stellen. Vor dem Servieren mit dem Stabmixer pürieren, damit die Eiskristalle zerkleinert werden und das Sorbet schön cremig wird.

EINFACH

Für **1** ℓ Sorbet
Zubereitungszeit: **15** Minuten
Kochzeit: **2** Minuten
Kühlzeit: **6** Stunden
Frierzeit: **2** Stunden
Budget: €

RHABARBERSORBET

800 g Rhabarber (5–6 Stangen) • 250 g Kristallzucker • Saft von 1 Zitrone • 1 Eiweiß

Außerdem:
Standmixer • elektrisches Handrührgerät • Eismaschine • Stabmixer

1. Den Rhabarber abziehen und in kleine Stücke schneiden.

2. In einem Kochtopf mit dickem Boden 250 ml Wasser mit dem Zucker zum Kochen bringen. Wenn der Zucker geschmolzen ist, den Rhabarber mit dem Zitronensaft zugeben und 2 Minuten köcheln lassen. Abkühlen lassen.

3. Alles im Mixer glatt pürieren und die Mischung mindestens 6 Stunden in den Kühlschrank stellen.

4. In einer Schüssel das Eiweiß mit Hilfe des elektrischen Handrührgeräts zu Eischnee aufschlagen und unter die gut gekühlte Rhabarbermischung heben.

5. Alles in die Eismaschine füllen und gefrieren lassen (etwa 30–40 Minuten, das variiert je nach Herstellertyp). Anschließend noch für 2 Stunden in das Tiefkühlfach stellen. Vor dem Servieren mit dem Stabmixer pürieren, damit die Eiskristalle zerkleinert werden und das Sorbet schön cremig wird.

TIPP:
Wer mag, kann das Sorbet mit etwas Zimt verfeinern.

EINFACH

Für **500** ml Sorbet
Zubereitungszeit: **10** Minuten
Kochzeit: **12** Minuten
Kühlzeit: **12** Stunden
Frierzeit: **2** Stunden
Budget: €

APRIKOSENSORBET

500 g Aprikosen (Gewicht, wenn sie entsteint sind) • 100 g Kristallzucker

Außerdem:
Standmixer • elektrisches Handrührgerät • Eismaschine • Stabmixer

1. Am Vortag die Aprikosen entsteinen und in Stücke schneiden.

2. Für den Zuckersirup 250 ml Wasser mit dem Zucker in einen Topf mit schwerem Boden geben und zum Kochen bringen. 2 Minuten köcheln lassen. Die Aprikosenstücke zugeben und etwa 10 Minuten einkochen. Etwas abkühlen lassen.

3. Alles in den Mixer füllen und glatt pürieren. Das Aprikosenpüree durch ein Sieb streichen und über Nacht zum Kühlen in den Kühlschrank stellen.

4. Am Tag der Eiszubereitung alles in die Eismaschine füllen und gefrieren lassen (etwa 30–40 Minuten, das variiert je nach Herstellertyp). Anschließend noch für 2 Stunden in das Tiefkühlfach stellen. Vor dem Servieren mit dem Stabmixer pürieren, damit die Eiskristalle zerkleinert werden und das Sorbet schön cremig wird.

EINFACH

Für **1** ℓ Sorbet
Zubereitungszeit: **15** Minuten
Kochzeit: **15** Minuten
Kühlzeit: **6** Stunden
Frierzeit: **2** Stunden
Budget: €

MIRABELLENSORBET

1 kg Mirabellen • 80 g Kristallzucker • 1 El Saft einer Zitrone • 2 EL Mirabellenschnaps • 1 Eiweiß

Außerdem:
Standmixer • Sieb • elektrisches Handrührgerät • Eismaschine • Stabmixer

1. Die Mirabellen entsteinen, halbieren und in einem Kochtopf zusammen mit 100 ml Wasser, Zucker, Zitronensaft und Mirabellenschnaps etwa 15 Minuten köcheln lassen. Abkühlen lassen und im Mixer pürieren. Alles durch ein Sieb streichen, um kleine Hautreste zu entfernen.

2. Das Mirabellenpüree für mindestens 6 Stunden zum Kühlen in den Kühlschrank stellen. In einer Schüssel das Eiweiß mit Hilfe des elektrischen Handrührgeräts zu Eischnee aufschlagen und unter die gut gekühlte Mischung heben.

3. Alles in die Eismaschine füllen und gefrieren lassen (etwa 30–40 Minuten, das variiert je nach Herstellertyp). Anschließend noch für 2 Stunden in das Tiefkühlfach stellen. Vor dem Servieren mit dem Stabmixer pürieren, damit die Eiskristalle zerkleinert werden und das Sorbet schön cremig wird.

TIPP:
Um daraus einen Zwischengang bei einem mehrgängigen Menü zu machen, gibt man 2 Kugeln Sorbet mit einem Schuss Mirabellenschnaps in ein hohes Glas.

EINFACH

Für **1** ℓ Sorbet
Zubereitungszeit: **20** Minuten
Kochzeit: **12** Minuten
Kühlzeit: **6** Stunden
Frierzeit: **2** Stunden
Budget: €

SORBET VON WEISSEM PFIRSICH

1 kg weiße Pfirsiche (ergibt etwa 850 g entsteint und gehäutet) • 60 g Kristallzucker • 1 Tl Speisestärke

Außerdem:
Sieb • Standmixer • Eismaschine • Stabmixer

1. Die Pfirsiche entsteinen und häuten. Das geht ganz leicht, wenn die Pfirsiche ganz reif sind. In Stücke schneiden.

2. In einem Kochtopf die Pfirsichstücke erhitzen und etwa 10 Minuten köcheln lassen. Abkühlen lassen und durch ein Sieb streichen. Den Saft dabei auffangen. Das restliche Fruchtfleisch vom Auspressen im Mixer fein pürieren. Pfirsichmus und -saft beiseitestellen.

3. Für den Zuckersirup den Pfirsichsaft mit 200 ml Wasser mischen und zusammen mit dem Zucker in einen Topf mit schwerem Boden geben und zum Kochen bringen. 2 Minuten köcheln lassen. Das Pfirsichmus zugeben und mit der Speisestärke einrühren.

4. Die Mischung für mindestens 6 Stunden in den Kühlschrank stellen und gut durchkühlen lassen.

5. Alles in die Eismaschine füllen und gefrieren lassen (etwa 30–40 Minuten, das variiert je nach Herstellertyp). Anschließend noch für 2 Stunden in das Tiefkühlfach stellen. Vor dem Servieren mit dem Stabmixer pürieren, damit die Eiskristalle zerkleinert werden und das Sorbet schön cremig wird.

EINFACH

Für **1 ℓ** Sorbet
Zubereitungszeit: **15** Minuten
Kochzeit: **12** Minuten
Kühlzeit: **6** Stunden
Frierzeit: **2** Stunden
Budget: €

JOHANNISBEERSORBET

700 g rote Johannisbeeren, von den Rispen gestreift • Saft von 1 Zitrone • 200 g Kristallzucker • 2 Eiweiße

Außerdem:
Sieb • elektrisches Handrührgerät • Eismaschine • Stabmixer

1. In einem Kochtopf die Johannisbeeren mit dem Zitronensaft mischen und etwa 10 Minuten köcheln lassen. Abkühlen lassen und durch ein Sieb streichen. Möglichst viel Saft dabei auffangen und beiseitestellen.

2. Für den Zuckersirup 200 ml Wasser zusammen mit dem Zucker in einen Topf mit schwerem Boden geben und zum Kochen bringen. 2 Minuten köcheln lassen. Den Johannisbeersaft zugeben und abkühlen lassen. Die Mischung für mindestens 6 Stunden in den Kühlschrank stellen und gut durchkühlen lassen.

3. In einer Schüssel die Eiweiße mit Hilfe des elektrischen Handrührgeräts zu Eischnee aufschlagen und unter die gut gekühlte Johannisbeermischung heben.

4. Alles in die Eismaschine füllen und gefrieren lassen (etwa 30–40 Minuten, das variiert je nach Herstellertyp). Anschließend noch für 2 Stunden in das Tiefkühlfach stellen. Vor dem Servieren mit dem Stabmixer pürieren, damit die Eiskristalle zerkleinert werden und das Sorbet schön cremig wird.

EINFACH

Für **500** ml Sorbet
Zubereitungszeit: **15** Minuten
Kühlzeit: **2** Stunden
Frierzeit: **2** Stunden
Budget: €

SCHNELLES BIRNENSORBET

1 große Dose Birnen (Konserve) • Saft von 1 Zitrone • 3 cl Birnenschnaps oder -likör • 1 Eiweiß

Außerdem:
Standmixer • elektrisches Handrührgerät • Eismaschine (nach Belieben) • Stabmixer

1. Im Standmixer die Birnen mitsamt der Flüssigkeit und dem Zitronensaft pürieren. Sobald alles glatt ist, den Birnenschnaps oder -likör zugeben und verrühren. Die Mischung für mindestens 2 Stunden in den Kühlschrank stellen und gut durchkühlen lassen. Oder man stellt die Birnenkonserve am Vortag in den Kühlschrank, dann entfällt das Kühlen des Birnenpürees.

2. In einer Schüssel das Eiweiß mit Hilfe des elektrischen Handrührgeräts zu Eischnee aufschlagen und unter die gut gekühlte Birnenmischung heben.

3. Alles in die Eismaschine füllen und gefrieren lassen (etwa 30–40 Minuten, das variiert je nach Herstellertyp). Anschließend noch für 2 Stunden in das Tiefkühlfach stellen. Vor dem Servieren mit dem Stabmixer pürieren, damit die Eiskristalle zerkleinert werden und das Sorbet schön cremig wird. Ohne Eismaschine stellt man gleich das Sorbet in einer Schüssel in das Tiefkühlfach und rührt immer wieder um, damit sich keine Eiskristalle bilden.

EINFACH

Für **1** ℓ Sorbet
Zubereitungszeit: **15** Minuten
Kochzeit: **2** Minuten
Kühlzeit: **6** Stunden
Frierzeit: **2** Stunden
Budget: €

MELONENSORBET

2 sehr reife Melonen (Charentais-Melone) • Saft von 1 Orange • 150 g Kristallzucker • 1 Eiweiß

Außerdem:
Standmixer • elektrisches Handrührgerät • Eismaschine • Stabmixer

1. Die Melonen halbieren und mit Hilfe eines Esslöffels die Kerne entfernen. Die Melonen vierteln, schälen und das Fruchtfleisch im Mixer pürieren. Den Orangensaft zugeben und verrühren.

2. Für den Zuckersirup 150 ml Wasser zusammen mit dem Zucker in einen Topf mit schwerem Boden geben und zum Kochen bringen. 2 Minuten köcheln lassen. Das Melonenpüree zugeben und abkühlen lassen. Die Mischung für mindestens 6 Stunden in den Kühlschrank stellen und gut durchkühlen lassen.

3. In einer Schüssel das Eiweiß mit Hilfe des elektrischen Handrührgeräts zu Eischnee aufschlagen und unter die gut gekühlte Mischung heben.

4. Alles in die Eismaschine füllen und gefrieren lassen (etwa 30–40 Minuten, das variiert je nach Herstellertyp). Anschließend noch für 2 Stunden in das Tiefkühlfach stellen. Vor dem Servieren mit dem Stabmixer pürieren, damit die Eiskristalle zerkleinert werden und das Sorbet schön cremig wird.

TIPPS:
Zum Auftakt eines Menüs kann man eine Kugel Melonensorbet zusammen mit Parmaschinken und Grissini-Gebäck reichen. Oder Sie servieren das Sorbet mit einem Schuss Portwein.

EINFACH

Für **1** ℓ Sorbet
Zubereitungszeit: **15** Minuten
Kochzeit: **2** Minuten
Kühlzeit: **6** Stunden
Frierzeit: **2** Stunden
Budget: €

MANDARINEN-SORBET

Etwa 15 Mandarinen oder Klementinen (Satsumas) • 200 g Kristallzucker • 2 Eiweiße

Außerdem:
Saftpresse • Sieb • elektrisches Handrührgerät • Eismaschine • Stabmixer

1. Die Mandarinen oder Klementinen halbieren und auspressen, um etwa 500 ml Saft zu bekommen. Anschließend durch ein Sieb gießen und die Kerne entfernen.

2. Für den Zuckersirup 200 ml Wasser zusammen mit dem Zucker in einen Topf mit schwerem Boden geben und zum Kochen bringen. 2 Minuten köcheln lassen. Den Mandarinensaft zugeben und abkühlen lassen. Die Mischung für mindestens 6 Stunden in den Kühlschrank stellen und gut durchkühlen lassen.

3. In einer Schüssel die Eiweiße mit Hilfe des elektrischen Handrührgeräts zu Eischnee aufschlagen und unter die gut gekühlte Mischung heben.

4. Alles in die Eismaschine füllen und gefrieren lassen (etwa 30–40 Minuten, das variiert je nach Herstellertyp). Anschließend noch für 2 Stunden in das Tiefkühlfach stellen. Vor dem Servieren mit dem Stabmixer pürieren, damit die Eiskristalle zerkleinert werden und das Sorbet schön cremig wird.

TIPP:
Wenn Sie dem Eis auch das Fruchfleisch vom Auspressen zufügen, wird das Aroma noch intensiver. Servieren Sie zu diesem Mandarinen-Sorbet eine Mousse au chocolat oder ein Schokoladenparfait – ein Gedicht!

EINFACH

Für **1** ℓ Sorbet
Zubereitungszeit: **15** Minuten
Kochzeit: **2** Minuten
Kühlzeit: **6** Stunden
Frierzeit: **2** Stunden
Budget: €

SORBET VON ROSA GRAPEFRUIT

Etwa 5 rosa Grapefruits • 150 g Kristallzucker • 1 Eiweiß

Außerdem:
Saftpresse • Sieb • elektrisches Handrührgerät • Eismaschine • Stabmixer

1. Die Grapefruits halbieren und auspressen, um etwa 600 ml Saft zu bekommen. Anschließend durch ein Sieb gießen und die Kerne entfernen.

2. Für den Zuckersirup 150 ml Wasser zusammen mit dem Zucker in einen Topf mit schwerem Boden geben und zum Kochen bringen. 2 Minuten köcheln lassen. Den Grapefruitsaft zugeben und abkühlen lassen. Die Mischung für mindestens 6 Stunden in den Kühlschrank stellen und gut durchkühlen lassen.

3. In einer Schüssel das Eiweiß mit Hilfe des elektrischen Handrührgeräts zu Eischnee aufschlagen und unter die gut gekühlte Mischung heben.

4. Alles in die Eismaschine füllen und gefrieren lassen (etwa 30–40 Minuten, das variiert je nach Herstellertyp). Anschließend noch für 2 Stunden in das Tiefkühlfach stellen. Vor dem Servieren mit dem Stabmixer pürieren, damit die Eiskristalle zerkleinert werden und das Sorbet schön cremig wird.

TIPP:
Wer einen Hauch Alkohol mag, gibt etwas Gin über das Sorbet.

EINFACH

Für **500** ml Sorbet
Zubereitungszeit: **5** Minuten
Kühlzeit: **2** Stunden
Frierzeit: **2** Stunden
Budget: €

SCHNELLES ANANAS-SORBET

1 große Dose Ananas (Konserve) • 1 Eiweiß

Außerdem:
Standmixer • elektrisches Handrührgerät • Eismaschine (nach Belieben) • Stabmixer

1. Im Standmixer die Ananas mitsamt der Flüssigkeit glatt pürieren und für mindestens 2 Stunden in den Kühlschrank stellen und gut durchkühlen lassen. Oder man stellt die Ananaskonserve am Vortag in den Kühlschrank, dann entfällt das Kühlen des Ananaspürees.

2. In einer Schüssel das Eiweiß mit Hilfe des elektrischen Handrührgeräts zu Eischnee aufschlagen und unter die gut gekühlte Ananasmischung heben.

3. Alles in die Eismaschine füllen und gefrieren lassen (etwa 30–40 Minuten, das variiert je nach Herstellertyp). Anschließend noch für 2 Stunden in das Tiefkühlfach stellen. Vor dem Servieren mit dem Stabmixer pürieren, damit die Eiskristalle zerkleinert werden und das Sorbet schön cremig wird. Ohne Eismaschine stellt man gleich das Sorbet in einer Schüssel in das Tiefkühlfach und rührt immer wieder um, damit sich keine Eiskristalle bilden.

VARIATION:
Für andere Sorbets können nach dieser Zubereitungsmethode beliebige Früchte aus der Konserve verwendet werden.

SELBST GEMACHT

EXOTISCHES EIS

EINFACH

Für **4** Personen
Zubereitungszeit: **15** Minuten
Kochzeit: **10** Minuten
Kühlzeit: **12** Stunden
Frierzeit: **2** Stunden
Budget: €

SENFEIS

3 Eigelbe • 15 g Kristallzucker • 200 ml Milch • 100 g Sahne • 120 g grobkörniger (Rotisseur-)Senf

Außerdem:
Eismaschine

1. Am Vortag in einer Schüssel die Eigelbe mit dem elektrischen Handrührgerät gut aufschlagen und den Zucker zugeben. So lange rühren, bis die Masse hellgelb und dickcremig wird. In einem Kochtopf die Milch mit der Sahne erhitzen und unter ständigem Rühren über die Eier-Zucker-Masse gießen.

2. Alles zurück in den Kochtopf geben und bei schwacher Hitze unter ständigem Rühren nochmals kurz erwärmen, ohne die Zubereitung dabei zum Kochen zu bringen, wie beim Rezept für die Vanillecreme (s. S. 14). Abkühlen lassen und über Nacht in den Kühlschrank stellen.

3. Am Tag der Eiszubereitung den Senf unter die Creme rühren und alles in die Eismaschine füllen und cremig fest frieren lassen (etwa 30–40 Minuten rühren lassen, das variiert je nach Herstellertyp). Anschließend das Eis für 2 Stunden in das Tiefkühlfach stellen, um eine festere Konsistenz zu erhalten.

TIPP:
Servieren Sie dieses Eis im Sommer zu einer Gazpacho (gut gekühlte spanische Gemüsesuppe) oder schlicht einem Tomatensalat.

EINFACH

Für **4** Personen
Zubereitungszeit: **5** Minuten
Kühlzeit: **2** Stunden
Budget: €

EIS MIT ZIEGENKÄSE

200 g frischer Ziegenkäse • 200 ml Milch • 50 g Sahne • einige Stängel glatte Petersilie • Salz und Pfeffer • 3 Tomaten

Außerdem:
Eismaschine

1. In einer Schüssel den Ziegenkäse mit Hilfe eines Löffels glatt rühren. Die Milch und die Sahne zugeben und verrühren. Die Petersilie hacken und untermischen. Alles pfeffern und salzen.

2. Die Masse in die Eismaschine füllen und cremig fest frieren lassen (etwa 10 Minuten). Anschließend das Eis für 2 Stunden in das Tiefkühlfach stellen.

3. Vor dem Servieren das Eis mit Hilfe von 2 Esslöffeln zu Nocken abstechen.

TIPP:
Servieren Sie dieses Eis auf einem Tomatensalat mit Balsamico-Öl-Vinaigrette.

EINFACH

Für **1** ℓ Eis
Zubereitungszeit: **15** Minuten
Kühlzeit: **2** Stunden
Frierzeit: **2** Stunden
Budget: €

TOMATEN-EIS À LA BLOODY MARY

Geschälte Tomaten aus der Konserve (400 g) • 200 g Naturjoghurt • 1 Schalotte • einige Blättchen Basilikum • 5 Tropfen Tabasco® • Selleriesalz • 200 g Sahne • Wodka (nach Belieben)

Außerdem:
Standmixer • Sieb • elektrisches Handrührgerät • Eismaschine

1. Im Standmixer die Tomaten glatt pürieren und anschließend durch ein Sieb streichen, um die Kernchen zu entfernen. Das Tomatenpüree mit dem Joghurt verrühren.

2. Die Schalotte schälen und fein hacken, das Basilikum grob hacken und beides unter die Tomaten-Joghurt-Masse rühren. Mit dem Tabasco und dem Selleriesalz würzen. Die Zubereitung für 2 Stunden in den Kühlschrank stellen.

3. In einer Schüssel die gut gekühlte Sahne mit Hilfe des elektrischen Handrührgeräts schlagen und unter die Mischung heben.

4. Alles in die Eismaschine füllen und cremig fest frieren lassen (etwa 30–40 Minuten rühren lassen, das variiert je nach Herstellertyp). Anschließend das Eis für 2 Stunden in das Tiefkühlfach stellen, um eine festere Konsistenz zu erhalten.

5. Zum Servieren mit dem Eisportionierer jeweils 2 Eiskugeln formen und in Cocktail-Gläser geben. Mit einem Schuss Wodka wird das Ganze zur Eis-Bloody-Mary.

EINFACH

Für **4** Personen
Zubereitungszeit: **15** Minuten
Kühlzeit: **2** Stunden
Frierzeit: **2** Stunden
Budget: €

AVOCADO-EIS

2 ganz reife Avocados • 600 g Naturjoghurt • Saft von ½ Zitrone • 1 EL Öl • Salz und Pfeffer

Außerdem:
Standmixer • Eismaschine

1. Die Avocados halbieren, den Kern entfernen und mit einem Teelöffel das Fruchtfleisch herauslösen. Im Standmixer das Fruchtfleisch mit dem Joghurt, dem Zitronensaft, dem Öl, Salz und Pfeffer glatt pürieren. Die Zubereitung für 2 Stunden in den Kühlschrank stellen.

2. Alles in die Eismaschine füllen und cremig fest frieren lassen (etwa 30–40 Minuten rühren lassen, das variiert je nach Herstellertyp). Anschließend das Eis für 2 Stunden in das Tiefkühlfach stellen, um eine festere Konsistenz zu erhalten.

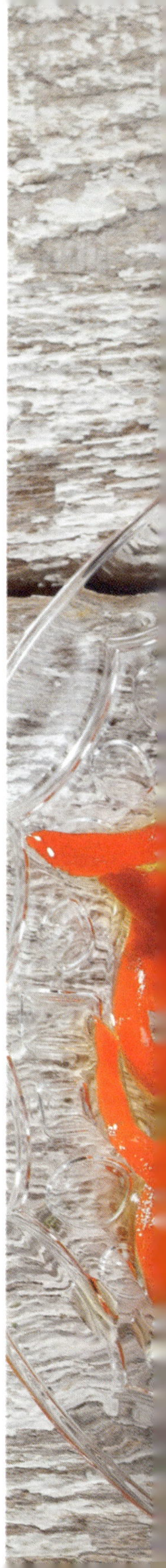

TIPP:
Mit roter Paprika (in Öl mariniert) und einem Tomatensalat harmoniert das Eis besonders gut.

EINFACH

Für **6** Personen
Zubereitungszeit: **15** Minuten
Kühlzeit: **2** Stunden
Frierzeit: **2** Stunden
Budget: €

PROVENZALISCHES OLIVEN-EIS

250 g schwarze Oliven, entsteint • 80 g Anchovis-Filets in Öl • 50 g Kapern, gut abgetropft • 2 Knoblauchzehen, geschält • 200 g Sahne • Saft von 1 Zitrone • Pfeffer

Außerdem:
Standmixer • Eismaschine

1. Im Standmixer alle Zutaten glatt pürieren, bis eine streichfähige Paste entstanden ist. Die Zubereitung für 2 Stunden in den Kühlschrank stellen.

2. Alles in die Eismaschine füllen und cremig fest frieren lassen (etwa 30–40 Minuten rühren lassen, das variiert je nach Herstellertyp). Sofort servieren, solange das Eis noch weich ist.

TIPP:
Mit Kirschtomaten und gerösteten Weißbrotscheiben servieren.

FÜR KÖNNER

Für **6** Personen
Zubereitungszeit: **15** Minuten
Kochzeit: **10** Minuten
Kühlzeit: **12** Stunden
Frierzeit: **2** Stunden
Budget: €€

EIS MIT GÄNSELEBER

4 Eigelbe • 20 g Kristallzucker • 400 ml Milch • 200 g Foie gras am Stück • 1 TL Balsamessig • 1 TL gemahlener Zimt • Salz und Pfeffer • 150 g Sahne

Außerdem:
Standmixer • Sieb • elektrisches Handrührgerät • Eismaschine

1. Am Vortag in einer Schüssel die Eigelbe und den Zucker mit dem elektrischen Handrührgerät gut schlagen, bis die Masse hellgelb und dickcremig wird. In einem Kochtopf die Milch erhitzen und unter ständigem Rühren über die Eier-Zucker-Masse gießen. Alles zurück in den Kochtopf geben und bei schwacher Hitze unter ständigem Rühren nochmals kurz erwärmen, ohne die Masse dabei zum Kochen zu bringen, wie beim Rezept für die Vanillecreme (s. S. 14). Abkühlen lassen.

2. Im Standmixer die abgekühlte Masse mit der Foie gras glatt pürieren. Den Essig und den Zimt zugeben. Die Mischung durch ein Sieb streichen, damit die kleinen Klümpchen verschwinden. Mit Salz und Pfeffer würzen und über Nacht in den Kühlschrank stellen.

3. Am Tag der Eiszubereitung in einer Schüssel die gut gekühlte Sahne mit Hilfe des elektrischen Handrührgeräts steifschlagen und unter die Mischung heben.

4. Alles in die Eismaschine füllen und cremig fest frieren lassen (etwa 30–40 Minuten rühren lassen, das variiert je nach Herstellertyp). Anschließend das Eis für 2 Stunden in das Tiefkühlfach stellen, um eine festere Konsistenz zu erhalten.

TIPP:
Als Feinschmecker-Variante servieren Sie dieses Eis mit Confit d'oignons (Zwiebelkompott) und Honigkuchen!

EINFACH

Für **500** ml Eis
Zubereitungszeit: **15** Minuten
Kochzeit: **15** Minuten
Kühlzeit: **12** Stunden
Frierzeit: **2** Stunden
Budget: €

KÜRBISEIS

600 g Kürbis • 150 g Kristallzucker • 1 TL gemahlener Zimt • 1 TL Vanilleextrakt (ersatzweise 1 Päckchen Vanillezucker) • 150 g Sahne

Außerdem:
Elektrisches Handrührgerät • Eismaschine

1. Am Vortag den Kürbis schälen, entkernen und in kleine Stücke schneiden. In einem Kochtopf bedeckt mit Wasser etwa 15 Minuten köcheln lassen. Das Wasser abgießen und den Kürbis abkühlen lassen.

2. Mit einer Gabel den weich gekochten Kürbis zerdrücken, den Zucker, den Zimt und das Vanilleextrakt zugeben und mit dem Kürbismus verrühren. Die Mischung über Nacht in den Kühlschrank stellen.

3. Am Tag der Eiszubereitung in einer Schüssel die gut gekühlte Sahne mit Hilfe des elektrischen Handrührgeräts steifschlagen und unter die Kürbismischung heben.

4. Alles in die Eismaschine füllen und cremig fest frieren lassen (etwa 30–40 Minuten rühren lassen, das variiert je nach Herstellertyp). Anschließend das Eis für 2 Stunden in das Tiefkühlfach stellen, um eine festere Konsistenz zu erhalten.

TIPP:
Das Kürbiseis passt gut zu Schokoladen-Fondant oder einer Scheibe Honigkuchen.

EINFACH

Für **500** ml Eis
Zubereitungszeit: **15** Minuten
Kochzeit: **30** Minuten
Kühlzeit: **12** Stunden
Frierzeit: **2** Stunden
Budget: €

MÖHRENSORBET

400 g Möhren (5–6 Stück) • 150 g Kristallzucker • Orangenschale, mit einem Zestenreißer abgezogen (oder dünn geschält) • 1 TL gemahlener Zimt • 50 g Sahne

Außerdem:
Standmixer • elektrisches Handrührgerät • Eismaschine

1. Am Vortag die Möhren schälen, in Scheiben schneiden und in einen Kochtopf geben. Zusammen mit 300 ml Wasser und dem Zucker erhitzen und etwa 30 Minuten zugedeckt köcheln lassen.

2. Im Mixer die Möhren mit etwa der Hälfte der Kochflüssigkeit, den Orangenzesten und dem Zimt glatt pürieren. Das Püree über Nacht in den Kühlschrank stellen.

3. Am Tag der Eiszubereitung in einer Schüssel die gut gekühlte Sahne mit Hilfe des elektrischen Handrührgeräts schlagen und unter das Möhrenpüree heben.

4. Alles in die Eismaschine füllen und cremig fest frieren lassen (etwa 30–40 Minuten rühren lassen, das variiert je nach Herstellertyp). Anschließend das Eis für 2 Stunden in das Tiefkühlfach stellen, um eine festere Konsistenz zu erhalten.

TIPP:
Eine Kugel Möhrensorbet auf einem frischen Obstsalat mit Mandelgebäck (s. S. 20) ist die Krönung eines sommerlichen Menüs.

SELBST GEMACHT

GRANITAS

EINFACH

Für **6** Personen
Zubereitungszeit: **10** Minuten
Kochzeit: **2** Minuten
Frierzeit: **4** Stunden
Budget: €€

CHAMPAGNER-GRANITA

100 g Kristallzucker • 1 Orange • 400 ml Champagner • 250 g Erdbeeren

Außerdem:
Saftpresse • Sieb • gefriergeeignete flache Form (oder Schüssel aus Edelstahl)

1. Für den Zuckersirup 100 ml Wasser zusammen mit dem Zucker in einem kleinen Topf unter Rühren aufkochen und 2 Minuten köcheln lassen. Abkühlen lassen. Die Orange auspressen und den Saft durch ein Sieb gießen. In einer Schüssel den Sirup, den Orangensaft und Champagner mischen.

2. Alles in eine flache gefriergeeignete Form füllen und zudecken. Die Mischung für mindestens 4 Stunden in das Tiefkühlfach stellen. Alle 30 Minuten herausnehmen und die angefrorene Mischung mit einer Gabel durchrühren, so dass crushed ice entsteht.

3. Die gesäuberten Erdbeeren vierteln und in sechs vorgekühlte Champagnerschalen oder Gläser verteilen, die Granita zugeben und sofort servieren.

TIPP:
Zu dieser Champagner-Granita reicht man kleine Toasts mit Keta-Kaviar oder mit Gänse- oder Entenleberpastete.

EINFACH

Für **6** Personen
Zubereitungszeit: **10** Minuten
Frierzeit: **4** Stunden
Budget: €

WODKA-GRANITA

3 Limetten • 100 g Kristallzucker • 8 cl Wodka (etwa 4 Schnapsgläser)

Außerdem:
Saftpresse • Sieb • gefriergeeignete flache Form (oder Schüssel aus Edelstahl)

1. Die Limetten auspressen, den Saft durch ein Sieb gießen und beiseitestellen.

2. Für den Zuckersirup 100 ml Wasser zusammen mit dem Zucker in einem kleinen Topf unter Rühren aufkochen und 2 Minuten köcheln lassen. Den Limettensaft und den Wodka zugeben.

3. Alles in eine flache gefriergeeignete Form füllen und zudecken. Die Mischung für mindestens 4 Stunden in das Tiefkühlfach stellen. Alle 30 Minuten herausnehmen und die angefrorene Mischung mit einer Gabel durchrühren, so dass crushed ice entsteht.

TIPP:
Servieren Sie die Wodka-Granita in kleinen vorgekühlten Gläsern und dekorieren Sie sie mit frischer Minze.

EINFACH

Für **4** Personen
Zubereitungszeit: **10** Minuten
Kochzeit: **2** Minuten
Frierzeit: **4** Stunden
Budget: €

GURKEN-GRANITA

2 Gurken • Saft von 1 Zitrone • 10 Blättchen frische Minze • Salz und Pfeffer

Außerdem:
Standmixer • gefriergeeignete flache Form (oder Schüssel aus Edelstahl)

1. Die Gurken schälen, halbieren und mit einem Löffel die Gurkenkerne ausschaben. Zum Pürieren in Stücke teilen und im Mixer mit dem Zitronensaft und den Minzblättchen glatt pürieren. Die Mischung nach Geschmack salzen und pfeffern. Nochmals kurz pürieren.

2. Alles in eine flache gefriergeeignete Form füllen und zudecken. Die Mischung für mindestens 4 Stunden in das Tiefkühlfach stellen. Alle 30 Minuten herausnehmen und die angefrorene Mischung mit einer Gabel durchrühren, so dass crushed ice entsteht.

TIPP:
Die Gurken-Granita passt hervorragend zu Räucherlachsröllchen. Dafür die Lachsscheiben aufrollen und in Mini-Croustades (kleine Rührteigböden, Fertigprodukt) auf einer Zitronenscheibe servieren.

EINFACH

Für **4** Personen
Zubereitungszeit: **20** Minuten
Kochzeit: **2** Minuten
Frierzeit: **4** Stunden
Budget: €

GRANNY-SMITH-GRANITA MIT LACHSTATAR

Granita:
2 Granny Smith Äpfel • Saft von 1 Zitrone • 150 g Kristallzucker • 5 cl Calvados (Apfelbranntwein)

Lachstatar:
1 Schalotte • einige Stängel Dill • 300 g frischer Lachs • Saft von 1 Zitrone • 2 EL Olivenöl • Salz und Pfeffer

Außerdem:
Standmixer • gefriergeeignete flache Form (oder Schüssel aus Edelstahl) • 4 Kelchgläser

1. Für die Granita die Äpfel schälen, entkernen und in feine Spalten schneiden. Den Zitronensaft darüber verteilen. In einem kleinen Topf 150 ml Wasser zusammen mit dem Zucker unter Rühren aufkochen und 2 Minuten köcheln lassen. Den Zuckersirup abkühlen lassen und anschließend mit dem Calvados und den Apfelscheiben im Mixer glatt pürieren.

2. Alles in eine flache gefriergeeignete Form füllen und zudecken. Für mindestens 4 Stunden in das Tiefkühlfach stellen. Alle 30 Minuten herausnehmen und die angefrorene Mischung mit einer Gabel durchrühren, so dass crushed ice entsteht.

3. Für das Lachstatar die Schalotte schälen und mit dem Dill fein hacken. Den Lachs mit einem scharfen Messer in feine Würfelchen schneiden und in eine Schüssel geben. Das Lachstatar mit dem Zitronensaft mischen und mit Salz und Pfeffer würzen. Die Schalotten-Dill-Mischung zugeben und mit einem Löffel vorsichtig durchmischen. Gleichmäßig in die Kelchgläser verteilen.

4. Kurz vor dem Servieren die Granny-Smith-Granita über das Lachstatar geben.

EINFACH

Für **4** Personen
Zubereitungszeit: **10** Minuten
Kochzeit: **2** Minuten
Frierzeit: **4** Stunden
Budget: €

MANGO-GRANITA

100 g Kristallzucker • 1 ganz reife Mango • 1 Limette, mit einem Zestenreißer abgezogen (oder dünn geschält)

Außerdem:
Standmixer • gefriergeeignete flache Form (oder Schüssel aus Edelstahl)

1. Für den Zuckersirup 100 ml Wasser zusammen mit dem Zucker in einem kleinen Topf unter Rühren aufkochen und 2 Minuten köcheln lassen. Abkühlen lassen.

2. Die Mangos schälen, halbieren und vom Kern trennen. Zum Pürieren das Fruchtfleisch zusammen mit den Limettenzesten im Mixer glatt pürieren.

3. Die Mischung in eine flache gefriergeeignete Form füllen und zudecken. Die Mischung für mindestens 4 Stunden in das Tiefkühlfach stellen. Alle 30 Minuten herausnehmen und die angefrorene Mischung mit einer Gabel durchrühren, so dass crushed ice entsteht.

TIPP:
Die Mango-Granita harmoniert gut mit Carpaccio von Jakobsmuschelfleisch oder von frischem Lachs und schmeckt erfrischend als Vorspeise oder Zwischengang.

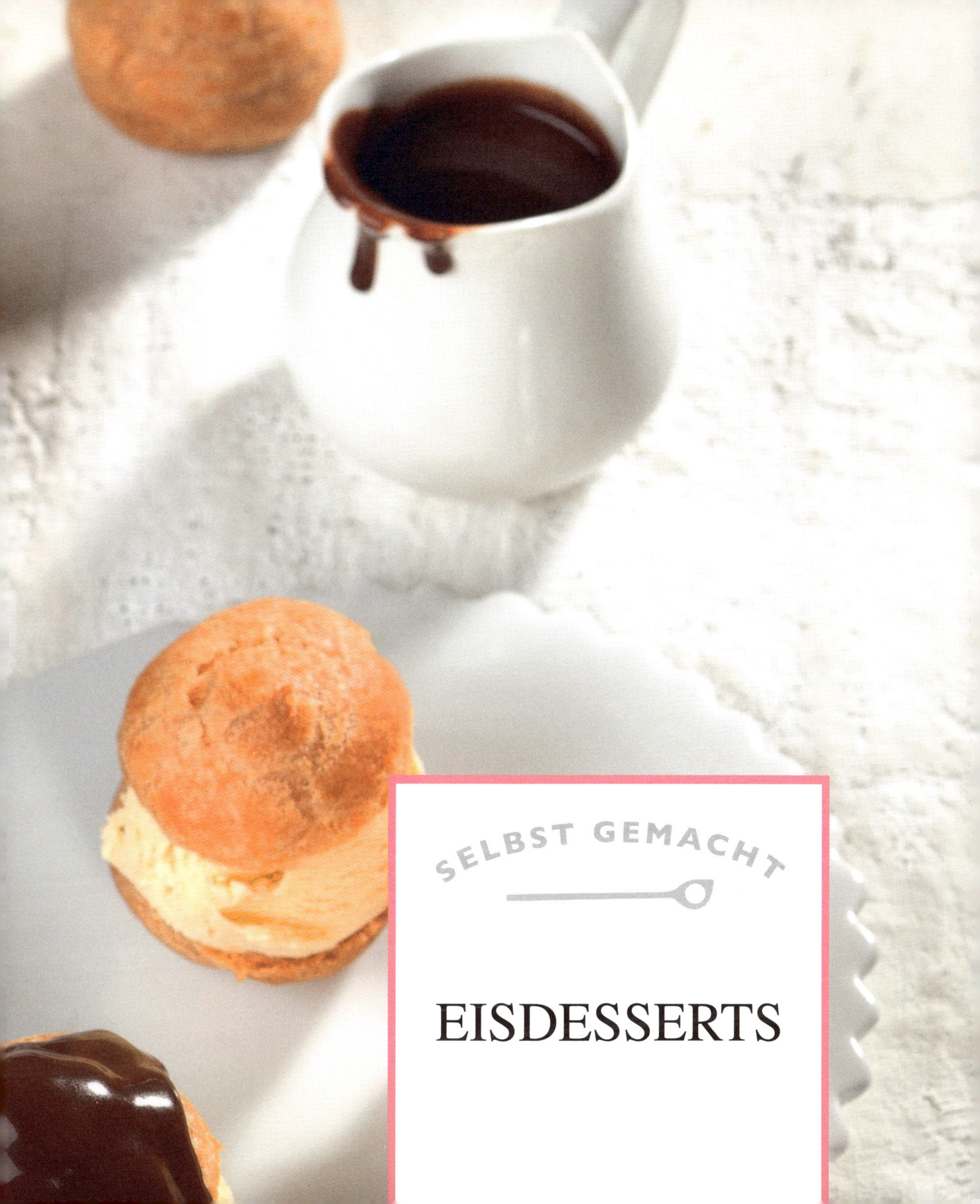

SELBST GEMACHT

EISDESSERTS

FÜR KÖNNER

Für **6** Personen
Zubereitungszeit: **20** Minuten
Frierzeit: **2** Stunden
Kühlzeit: **1** Stunde
Budget: €

EISTORTE MIT ROSA BAISER-RÖSCHEN

18 Baiser-Röschen von Rezept Seite 23 • 1 l Erdbeereis von Rezept Seite 30 • 200 g Sahne • einige frische Erdbeeren

Außerdem:
Elektrisches Handrührgerät • runde oder rechteckige Backform • Klarsichtfolie • Eismaschine • Spritzbeutel mit Sterntülle

1. Die Baiser-Röschen nach Anleitung auf Seite 23 vorbereiten. Etwa 6 Baisers zerbröckeln und auf dem Boden der Backform, die zuvor mit Klarsichtfolie ausgelegt wurde, verteilen.

2. Das Erdbeereis nach dem Rezept auf Seite 30 zubereiten. Sobald sie fest zu werden beginnt, aber noch weich ist, die Eismasse über den Baiserboden in die Backform füllen. Weitere 6 Baisers in kleine Stückchen zerstoßen und zur weichen Eismasse geben, leicht andrücken. Die Eistorte in der Backform für mindestens 2 Stunden in das Tiefkühlfach stellen.

3. Die Torte aus dem Tiefkühlfach nehmen und auf eine Tortenplatte stürzen. Die Backform und die Klarsichtfolie vorsichtig entfernen. Die Schlagsahne nach Anleitung auf Seite 18 schlagen und in den Spritzbeutel mit Sterntülle füllen. Die Eistorte nach Belieben verzieren.

4. Die fertige Torte für 1 Stunde in den Kühlschrank stellen. Mit den verbleibenden 6 Baisers und Erdbeerstückchen dekorieren und servieren.

VARIATION:
Die Fürst-Pückler-Variante mit drei Schichten (Schoko – Vanille – Erdbeere) kann ebenso zubereitet werden wie eine Variation mit Vanille-Erdbeer-Eis. Dafür je eine Lage zerstückelte Baisers zwischen die Eissorten geben.

TIPP:
Diese Eistorte lässt sich gut vorbereiten und kann ohne weiteres einige Tage im Tiefkühlfach bleiben. Etwa 10 Minuten vor dem Servieren aus dem Kühlschrank nehmen.

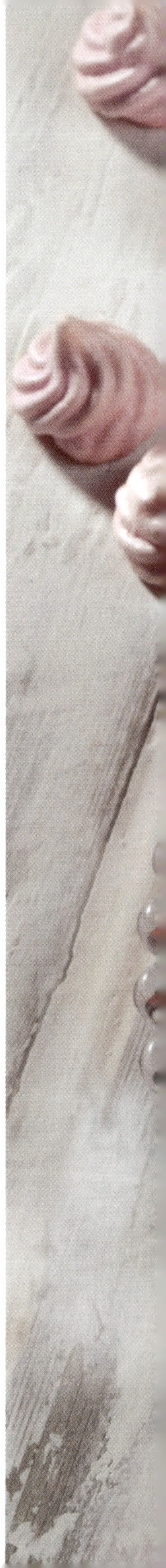

EINFACH

Für **6–8** Personen
Zubereitungszeit: **20** Minuten
Kochzeit: **5** Minuten
Kühlzeit: **12** Stunden
Budget: €€

NOUGAT-EISDESSERT

75 g Pistazien • 150 g ganze Mandeln • 120 g Kristallzucker • 3 Eier • 100 g Akazienhonig • 400 g Sahne

Außerdem:
Elektrisches Handrührgerät • Teigschaber • quadratische oder rechteckige Backform (idealerweise aus Silikon) • Klarsichtfolie

1. Für das Nougat die Pistazien und die Mandeln in einer großen Pfanne unter Rühren rundum anrösten. Etwa 1 EL vom Zucker zugeben und in 5 Minuten karamellisieren (Vorsicht, es kann spritzen!). Die Masse auf ein Brett gießen und abkühlen lassen. Mit einem großen Messer in kleine Stücke hacken.

2. Die Eier trennen. In einer Schüssel die Eigelbe mit dem restlichen Zucker in einer Schüssel kräftig schlagen, bis die Masse hell und cremig ist. In einem Kochtopf den Honig erhitzen.

3. In einer zweiten Schüssel die Eiweiße mit dem elektrischen Handrührgerät steif schlagen. Den flüssigen Honig vorsichtig zugeben, am besten am Rand der Schüssel, um Spritzer zu vermeiden. Dabei ständig rühren, bis die Masse cremig und glänzend wird.

4. Die Zucker-Eiweiß-Masse locker unter die Eigelbcreme ziehen und vorsichtig mit einem Teigschaber vermischen.

5. Die gut gekühlte Sahne mit dem elektrischen Handrührgerät steif schlagen und unter die Mischung ziehen. Das gehackte Mandelkrokant vorsichtig unterheben und alles in eine mit Klarsichtfolie ausgelegte Kastenform füllen. Das Dessert für mindestens 12 Stunden im Kühlschrank fest werden lassen und kühl servieren.

TIPP:
Das Nougat-Eisdessert kann mit Schokoladenspänen dekoriert und mit einer Karamellsauce (Rezept von Seite 22) serviert werden.

FÜR KÖNNER

Für **6** Personen
Zubereitungszeit: **40** Minuten
Kochzeit: **15** Minuten
Kühlzeit: **3** Stunden
Budget: €€

BAISER-EISTORTE

15 g Kristallzucker • 5 cl Orangenlikör • 500 ml Vanilleeiscreme (s. S. 26)

Für den Biskuit:
3 Eier • 120 g Kristallzucker • 1 Päckchen Vanillezucker • 120 g Mehl, gesiebt

Baisermasse
3 Eiweiße • 150 g Kristallzucker

Außerdem:
Teigschaber • Backpapier • elektrisches Handrührgerät • Kastenform • Klarsichtfolie • Backpinsel • Eismaschine • Spritzbeutel mit Sterntülle • evtl. Flambierbrenner

1. Den Backofen auf 180 °C vorheizen. Für den Biskuit die Eier mit dem Zucker und dem Vanillezucker schaumig schlagen, bis die Masse hell und sehr cremig ist. Das Mehl mit einem Teigschaber locker unterheben. Die Biskuitmasse auf dem mit Backpapier ausgelegten Backblech verteilen und glatt streichen. Für 15 Minuten backen und darauf achten, dass der Boden nicht zu viel Farbe annimmt. Abkühlen lassen.

2. Für den Zuckersirup 150 ml Wasser mit dem Zucker zum Kochen bringen und 2 Minuten köcheln lassen. Abkühlen lassen und den Orangenlikör zugeben. Den Biskuitboden in zwei gleich große Rechtecke in der Größe der Backform zuschneiden. Die Backform mit Klarsichtfolie auskleiden und einen Boden einlegen. Mit dem Backpinsel etwas Zuckersirup darauf verteilen.

3. Die Vanilleeiscreme (nach dem Rezept auf Seite 26) so weit vorbereiten, bis sie fest zu werden beginnt, aber noch weich ist. Dann über den getränkten Biskuitboden füllen. Mit dem zweiten Biskuitboden bedecken und diesen ebenfalls mit Zuckersirup bestreichen. Anschließend für mindestens 3 Stunden in das Tiefkühlfach stellen.

4. Für die Baisermasse in einer Schüssel die Eiweiße mit dem elektrischen Handrührgerät steif schlagen. Den Zucker zugeben und verrühren, bis eine feste cremige Masse entstanden ist. Bei Raumtemperatur beiseitestellen.

5. Den Eisbiskuit aus dem Tiefkühlfach nehmen und auf eine Tortenplatte stürzen. Die Backform und die Klarsichtfolie vorsichtig entfernen. Mit Hilfe eines Spatels die Hälfte der Baisermasse rundum darüber verteilen, die andere Hälfte in den Spritzbeutel füllen und obenauf spritzen und verzieren. Im Backofen unter dem Grill für 2 Minuten bräunen lassen oder mit einem Crème-brulée-Brenner (Flambierbrenner) goldbraun karamellsieren. Sofort servieren.

TIPP:
Besonders effektvoll ist es, wenn Sie das Baiser-Eis zum Servieren flambieren. Dafür mit etwas Zuckersirup oder Grand Marnier beträufeln, sobald das Eisdessert leicht gebräunt ist, und sofort flambieren.

FÜR KÖNNER

Für **8–10** Personen
Zubereitungszeit: **50** Minuten
Kochzeit: **20** Minuten
Kühlzeit: **5** Stunden
Frierzeit: **3** Stunden
Budget: €

WEIHNACHTS-EISDESSERT

Himbeereis mit Mascarpone von Seite 62 • Schokoladensauce von Seite 16

Pistazienbiskuitboden
120 g gemahlene Mandeln • 90 g Puderzucker • 30 g Mehl • 100 g Butter • 4 Eiweiße • 4 EL Pistazienpaste (Fachhandel)

Außerdem:
Sieb • elektrisches Handrührgerät • rechteckige Tortenform (Länge der Backform) oder verstellbarer Tortenrahmen (Fachhandel) • Eismaschine • Backform (36 cm Länge) • Klarsichtfolie • Teigschaber • kleine Weihnachtsfiguren zum Dekorieren

1. Das Himbeereis mit Mascarpone nach der Anleitung von Seite 62 vorbereiten. Den Backofen auf 180 °C vorheizen. Für den Pistazienbiskuitboden die Mandeln, den Puderzucker und das Mehl in eine Rührschüssel sieben. Die Butter in einem kleinen Topf zum Schmelzen bringen und etwas abkühlen lassen. Die Eiweiße steif schlagen und mit der Butter in die Rührschüssel zugeben. Alles gut verrühren und die Pistazienpaste ebenfalls einrühren. Die Masse in die vorbereitete Form geben und bei 20 Minuten im vorgeheizten Backofen backen. Abkühlen lassen.

2. Die Backform mit Klarsichtfolie auskleiden und das Himbeereis einfüllen, wenn es cremig gerührt und noch weich aus der Eismaschine kommt. Den Pistazienbiskuitboden in zwei Teile schneiden und auf das Himbeereis geben. Die Form mit dem Eis ins Tiefkühlfach für mindestens 2 Stunden stellen.

3. Die Schokoladensauce nach der Anleitung von Seite 16 zubereiten.

4. Das Eisdessert aus dem Tiefkühlfach nehmen und auf ein Kuchengitter stürzen. Vorsichtig die Klarsichtfolie abziehen. Die noch lauwarme Schokoladensauce mit Hilfe eines Teigschabers über das Eis gleichmäßig verteilen. Das muss schnell gehen, da die Schokoladenglasur, sobald sie mit dem Gefrorenen in Verbindung kommt, erhärtet. Nochmals für 1 Stunde ins Tiefkühlfach geben und zum Servieren mit kleiner weihnachtlicher Deko verzieren.

TIPP:
Sie können Ihr weihnachtliches Eisdessert gut einige Tage im Voraus vorbereiten und am Vortag entsprechend verzieren. Und nicht vergessen: 10 Minuten vor dem Servieren aus dem Tiefkühlfach nehmen.

Merry X'mas

FÜR KÖNNER

Für **6** Personen
Zubereitungszeit: **20** Minuten
Ruhezeit: **2** Stunden
Frierzeit: **6** Stunden
Budget: €

SCHOKOLADENPARFAIT

4 Eigelbe • 75 g Kristallzucker • 400 ml Milch • 200 g dunkle Schokolade (mindestens 55 % Kakaoanteil) • 150 g Sahne

Außerdem:
Teigschaber • elektrisches Handrührgerät • 6 Souffléförmchen • Klarsichtfolie

1. Für die Vanillecreme (englische Creme) die Eigelbe mit dem Zucker in einer Schüssel schaumig schlagen, bis die Masse hell und cremig ist. Dabei verdoppelt sich das Volumen.

2. Die Milch in einen Kochtopf geben und zum Kochen bringen. Etwas abkühlen lassen und unter kräftigem Rühren zu den Eigelben geben, dann das Ganze zurück in den Kochtopf füllen. Bei schwacher Hitze die Zubereitung unter ständigem Rühren nochmals kurz erwärmen, ohne sie dabei zum Kochen zu bringen, bis die Masse eindickt. Sobald die Creme am Löffelrücken hängen bleibt, vom Herd nehmen und abkühlen lassen.

3. Inzwischen die Schokolade in kleine Stückchen brechen und über einem heißen Wasserbad schmelzen lassen (dafür wird eine kleine Schüssel in einen Kochtopf, mit etwas kochendem Wasser, gestellt). Mit dem Teigschaber alles gut verrühren, bis die Schokolade geschmolzen ist. Dann unter die lauwarme Vanillecreme einrühren und so lange rühren, bis eine cremige Masse entstanden ist. Bei Zimmertemperatur 2 Stunden abkühlen lassen.

4. Die gut gekühlte Sahne mit dem elektrischen Handrührgerät steif schlagen und locker unter die Schokoladencreme ziehen. Die Zubereitung in vorgekühlte Soufflé-Förmchen füllen für mindestens 6 Stunden in das Tiefkühlfach stellen.

TIPP:
10 Minuten vor dem Servieren aus dem Tiefkühlfach nehmen und mit exotischen Früchten servieren, zum Beispiel mit einer Schoko-Physalis.

EINFACH

Für **6** Personen
Zubereitungszeit: **10** Minuten
Frierzeit: **6** Stunden
Budget: €

MANGOPARFAIT MIT HEISSER SCHOKOLADENSAUCE

1 gut reife Mango • 1 EL Kristallzucker • 100 g Sahne • 2 Eiweiße

Schokoladensauce
50 g dunkle Schokolade • 100 ml Milch

Außerdem:
Standmixer • elektrisches Handrührgerät • Teigschaber • 6 Silikonförmchen

1. Die Mangos schälen, halbieren und vom Kern trennen. Das Fruchtfleisch im Mixer glatt pürieren, den Zucker zugeben und gut verrühren. In eine Schüssel füllen und beiseitestellen.

2. Die gut gekühlte Sahne mit dem elektrischen Handrührgerät steif schlagen und locker unter das Mangopüree ziehen.

3. In einer zweiten Schüssel die Eiweiße mit Hilfe des elektrischen Handrührgeräts zu Eischnee aufschlagen und locker unter die Mangomischung heben. Die lockere Mousse in die Silikon-Förmchen (so gehen sie später leicht aus der Form) streichen und für mindestens 6 Stunden ins Tiefkühlfach stellen.

4. Ungefähr 10 Minuten vor dem Servieren die Mangoparfaits aus dem Tiefkühlfach nehmen und dabei die Schokoladensauce vorbereiten. Dafür die Schokolade in kleine Stückchen brechen und zusammen mit der Milch über einem heißen Wasserbad schmelzen lassen (dafür wird eine kleine Schüssel in einen Kochtopf, mit etwas kochendem Wasser, gestellt). Mit dem Teigschaber alles gut verrühren, bis die Schokolade geschmolzen ist. Über die Parfaits gießen und sofort servieren.

EINFACH

Für **6** Personen
Zubereitungszeit: **20** Minuten
Frierzeit: **6** Stunden
Budget: €

GEEISTES BEEREN-SOUFFLÉ

250 g Erdbeeren • 250 g Himbeeren • Saft von 1 Orange und ½ Zitrone • 4 Eier • 175 g Kristallzucker • 200 g Sahne

Außerdem:
Standmixer • Sieb • elektrisches Handrührgerät • Backpapier • 6 Souffléförmchen oder kleine Gläser • Klebstreifen

1. Die Beeren vorbereiten, einige für die Dekoration beiseitelegen. Die restlichen Erdbeeren und Himbeeren pürieren und durch ein Sieb streichen, um die Samen zu entfernen. Den Orangen- und Zitronensaft unter das Püree rühren und beiseitestellen.

2. Die Eier trennen. In einer Schüssel die Eigelbe mit 150 g Zucker in einer Schüssel schaumig schlagen, bis die Masse hell und cremig ist. In einer zweiten Schüssel die Eiweiße mit Hilfe des elektrischen Handrührgeräts zu Eischnee aufschlagen. Sobald er fest wird, den restlichen Zucker zugeben und weiterrühren, bis eine weiße cremige Baisermasse entstanden ist. Das Fruchtpüree locker unterheben.

3. Die gut gekühlte Sahne mit dem elektrischen Handrührgerät steif schlagen und unter die Mischung heben.

4. Sechs Streifen Backpapier so zurechtschneiden, dass die Innenseite der kleinen Souffléförmchen oder Gläser damit ausgelegt werden kann. Das Papier sollte oben 10 cm über den Rand hinausragen. Das Backpapier mit Klebstreifen befestigen. Das überstehende Papier innen dünn einölen. Die Masse in die vorbereiteten Förmchen füllen und mindestens für 6 Stunden in das Tiefkühlfach stellen.

5. Zum Servieren das Papier vorsichtig entfernen. Die Soufflés mit den restlichen Beeren dekorieren und nach Belieben etwas Raspel-Schokolade darauf verteilen.

EINFACH

Für **4** Personen
Zubereitungszeit: **15** Minuten
Budget: €

EISCAFÉ MIT EIERBISKUIT

4 Tassen Kaffee • 200 g Sahne • 10 g Puderzucker • 8 Kugeln Vanilleeis nach Rezept von Seite 26

Dekoration
Eierbiskuit nach Rezept von Seite 21 • Schokoladenstreusel

Außerdem:
Elektrisches Handrührgerät

1. Einen starken Kaffee zubereiten und abkühlen lassen. Anschließend in den Kühlschrank stellen.

2. Die gut gekühlte Sahne mit dem elektrischen Handrührgerät steif schlagen. Sobald sich weiche Spitzen bilden, den Puderzucker zugeben.

3. Den gekühlten Kaffee in 4 hohe Gläser verteilen und je 2 Kugeln Vanilleeis zugeben. Das Ganze mit der geschlagenen Sahne bedecken und mit Schokoladenstreuseln verzieren. Mit Eierbiskuits (s. S. 21) servieren.

VARIATION:
Anstelle einer Vanilleeis-Kugel können Sie genauso gut Kaffee-Eis verwenden, nach Rezept von Seite 60.

FÜR KÖNNER

Ergibt **20** Kokos-Eisbarren
Zubereitungszeit: **25** Minuten
Kühlzeit: **6** Stunden
Frierzeit: **10** Minuten und **2** Stunden

KOKOS-EISRIEGEL

150 g dunkle Schokolade (mindestens 55 % Kakaoanteil) • 3 Eier • 200 ml Kaffeesahne • 200 ml Kokossahne • 50 g Kokosraspel

Außerdem:
Teigschaber • Küchenpinsel • spezielle Silikonform (siehe Foto) • elektrisches Handrührgerät • Eismaschine

1. Für die Schokoladenformen die Schokolade in kleine Stücke brechen und über einem heißen Wasserbad schmelzen lassen (dafür wird eine kleine Schüssel in einen Kochtopf, mit etwas kochendem Wasser, gestellt). Mit dem Teigschaber alles gut verrühren, bis die Schokolade geschmolzen ist. Mit einem Küchenpinsel die Schokolade in die Silikonform streichen, so dass eine Schokoladenschicht entsteht. Im Tiefkühlfach für 10 Minuten gefrieren lassen. Eine zweite Schicht Schokolade aufstreichen, damit die Schokoladenhülle später beim Auslösen aus der Form nicht bricht. In den Kühlschrank stellen.

2. Für das Kokoseis die Eier trennen. In einer Schüssel die Eigelbe schaumig schlagen, bis die Masse hell und cremig ist. Die Kaffeesahne und die Kokossahne zugeben und verrühren. Die Zubereitung in einen Kochtopf geben und bei schwacher Hitze unter ständigem Rühren nochmals kurz erwärmen, ohne sie dabei zum Kochen zu bringen, bis die Masse eindickt.

3. Sobald die Creme am Löffelrücken hängen bleibt, vom Herd nehmen und abkühlen lassen und die Kokosraspel zugeben. Im Kühlschrank für mindestens 6 Stunden kühl stellen.

4. In einer zweiten Schüssel die Eiweiße mit Hilfe des elektrischen Handrührgeräts zu Eischnee aufschlagen und locker unter die Kokosmischung heben. Die Masse in die Eismaschine füllen und cremig fest frieren lassen (etwa 30–40 Minuten rühren lassen, das variiert je nach Herstellertyp). Sobald die Zubereitung fest zu werden beginnt, aber noch weich ist, in die vorbereiteten Schokoladenformen füllen.

TIPP:
Dieses Eis kann selbstverständlich auch in andere Silikonförmchen gefüllt werden.

EINFACH

Für **6** Personen
Zubereitungszeit: **20** Minuten
Kühlzeit: **12** Stunden
Frierzeit: **2** Stunden
Budget: €

SCHOKOLADENBOMBEN MIT VANILLEEIS

1 Vanilleschote • 200 ml Kaffeesahne • 120 g Kristallzucker • 200 g Sahne • 1 Eiweiß

Schokoladenkuppeln
50 g dunkle Schokolade (mindestens 55 % Kakaoanteil)

Außerdem:
Sieb • elektrisches Handrührgerät • Eismaschine • 6 Silikonförmchen • Küchenpinsel

1. Am Vortag die Vanilleschote längs aufschlitzen und das Mark herauskratzen. In einem Kochtopf die Kaffeesahne zusammen mit Vanillemark und -schote und dem Zucker sanft erhitzen und einige Minuten ziehen lassen. Die Milch durch ein Sieb gießen und dabei die Vanilleschote entfernen, abkühlen lassen und über Nacht in den Kühlschrank stellen.

2. Am Tag der Eiszubereitung die gut gekühlte Sahne mit dem elektrischen Handrührgerät cremig schlagen (Vorsicht – nicht steif schlagen!). Die Creme locker unter die vorbereitete Vanillemilch heben, die Mischung in die Eismaschine füllen und cremig fest frieren lassen (etwa 30–40 Minuten rühren lassen, das variiert je nach Herstellertyp).

3. Inzwischen die Schokolade in kleine Stückchen brechen und über einem heißen Wasserbad schmelzen lassen (dafür wird eine kleine Schüssel in einen Kochtopf, mit etwas kochendem Wasser, gestellt).

4. Mit einem Küchenpinsel die Schokolade in die Silikonförmchen streichen, so dass eine Schokoladenschicht entsteht. Im Kühlschrank in etwa 10 Minuten fest werden lassen. Eine zweite Schicht Schokolade aufstreichen, damit die Schokoladenhülle später beim Auslösen aus der Form nicht bricht.

5. Sobald das Eis in der Eismaschine cremig gefroren ist, in die vorbereiteten Schokoladenformen geben und für 2 Stunden in das Tiefkühlfach stellen. Die fertigen Eisbomben vorsichtig aus der Form lösen und vor dem Servieren noch 10 Minuten bei Raumtemperatur stehen lassen.

EINFACH

Für **500** ml Eis
Zubereitungszeit: **15** Minuten
Ruhen lassen: **30** Minuten
Kühlzeit: **12** Stunden
Frierzeit: **2** Stunden
Budget: €

EISCREME MIT VANILLE UND SCHOKODROPS

100 g Sahne • 80 g Schokodrops

Vanillecreme
1 Vanilleschote • 400 ml Milch • 60 g Kristallzucker • 4 Eigelbe

Außerdem:
Sieb • elektrisches Handrührgerät • Eismaschine

1. Am Vortag für die Vanillecreme die Vanilleschote längs aufschlitzen, das Mark herauskratzen. In einem Kochtopf die Milch zusammen mit Mark und Schote und dem Zucker sanft erhitzen und 30 Minuten ziehen lassen. Die Milch durch ein Sieb gießen und dabei die Vanilleschote entfernen. Abkühlen lassen.

2. In einer Schüssel die Eigelbe mit dem Zucker schaumig rühren, bis die Masse hell und cremig ist.

3. Die lauwarme Milch über die Eier-Zucker-Masse gießen und die Zubereitung zurück in den Kochtopf geben. Bei schwacher Hitze unter ständigem Rühren nochmals kurz erwärmen, ohne sie dabei zum Kochen zu bringen. Sobald die Creme am Löffelrücken hängen bleibt, vom Herd nehmen und abkühlen lassen. Über Nacht in den Kühlschrank stellen.

4. Am Tag der Eiszubereitung die gut gekühlte Sahne mit dem elektrischen Handrührgerät cremig schlagen (Vorsicht – nicht steif schlagen!). Die Sahne locker unter die vorbereitete Vanillecreme ziehen.

5. Die Mischung in die Eismaschine füllen und cremig fest frieren lassen (etwa 30–40 Minuten rühren lassen, das variiert je nach Herstellertyp). Inzwischen die Schokodrops in kleine Stücke hacken, einige für die Dekoration beiseitelegen. Sobald das Eis in der Eismaschine fast fertig, aber noch cremig weich ist, die gehackten Schokodrops zugeben und das Eis nach Belieben noch für 2 Stunden in das Tiefkühlfach stellen, damit es fester wird.

EINFACH

Für **4** Personen
Zubereitungszeit: **15** Minuten
Kochzeit: **10** Minuten
Kühlzeit: **3** Stunden
Budget: €€

GEEISTE FRÜCHTEBOWLE

1 Flasche Rosé • 100 g Kristallzucker • 1 Vanilleschote • 120 g Erdbeeren • 120 g Heidelbeeren • 120 g Himbeeren • 50 g Johannisbeeren • 6 Blättchen Minze

1. In einem Kochtopf den Wein zusammen mit dem Zucker bei schwacher Hitze erhitzen. Alles verrühren, bis sich der Zucker aufgelöst hat.

2. Die Vanilleschote längs aufschlitzen, das Mark herauskratzen und den Wein zugeben. Alles in eine Schüssel füllen und mindestens 1 Stunde in den Kühlschrank stellen.

3. Die Früchte säubern und die Erdbeeren in mundgerechte Stücke schneiden, zum Wein geben und alles weitere 2 Stunden kühlen.

4. Die Bowle eisgekühlt und in Stilkelchen servieren, dekoriert mit Blättchen der Minze.

FÜR KÖNNER

Für **6** Personen
Zubereitungszeit: **20** Minuten
Kochzeit: **20** Minuten
Frierzeit: **2** Stunden
Budget: €

PROFITEROLES

1 l Vanilleeis nach Rezept von Seite 26 • Schokoladensauce nach Rezept von Seite 16

Brandteig
2 EL Kristallzucker • 100 g Butter • 150 g Mehl • 4 Eier

Außerdem:
Spritzbeutel mit Lochtülle • Backpapier

1. Den Backofen auf 180 °C vorheizen. Für den Brandteig in einem Kochtopf mit schwerem Boden 250 ml Wasser mit dem Zucker und der Butter unter Rühren zum Kochen bringen. Wenn alles geschmolzen ist, den Topf vom Herd nehmen und das Mehl zugeben. Mit einem Holzrührlöffel weiter kräftig rühren, bis der Teig in einer Kugel am Löffel kleben bleibt. Er darf nicht mehr an den Wänden des Kochtopfes hängen bleiben.

2. Die Eier aufschlagen und nach und nach je ein Ei gut in die Masse einrühren, ohne dabei den Topf wieder auf den Herd zu stellen. Ein Ei muss immer vollständig eingearbeitet sein, bevor das nächste zugegeben wird.

3. Die Masse in den Spritzbeutel füllen und kleine Häufchen auf ein zuvor mit Backpapier ausgelegtes Backblech spritzen. Für 20 Minuten im vorgeheizten Backofen backen. Während des Backens darf auf keinen Fall die Backofentür geöffnet werden. Sobald die kleinen Pilzköpfe ihre goldene Farbe bekommen, den Ofen abstellen und die Profiteroles noch kurz im Ofen lassen. Auf einem Kuchengitter auskühlen lassen.

4. Die ausgekühlten Pilzköpfchen waagerecht durchschneiden und mit der vorbereiteten Vanilleeiscreme füllen. Einzeln auf Teller setzen und in das Tiefkühlfach stellen.

5. Zum Servieren die noch heiße Schokoladensauce über die Profiteroles gießen.

VARIATION:
Anstelle von Schokoladensauce können Sie auch die Himbeersauce nach Rezept von Seite 17 dazu kombinieren. Oder Ihr Lieblingssorbet oder frisch geschlagene Sahne.

EINFACH

Für **6** Personen
Zubereitungszeit: **10** Minuten
Frierzeit: **4** Stunden
Budget: €

GEEISTE MOUSSE AU CHOCOLAT

200 g dunkle Schokolade (mindestens 55 % Kakaoanteil) • 2 Eigelbe • 3 Eiweiße

Außerdem:
Elektrisches Handrührgerät • Teigschaber • 6 Souffléförmchen

1. Die Schokolade in kleine Stückchen brechen und über einem heißen Wasserbad schmelzen lassen (dafür wird eine kleine Schüssel in einen Kochtopf, mit etwas kochendem Wasser, gestellt). Sobald die Schokolade geschmolzen ist, die Eigelbe zugeben und so lange rühren, bis die Masse schön cremig ist.

2. Die Eiweiße mit dem elektrischen Handrührgerät steif schlagen und ebenfalls locker unter die Masse ziehen.

3. Die Schokoladenmousse in die Souffléförmchen füllen und mindestens 4 Stunden in das Tiefkühlfach stellen.

4. Zum Servieren die Förmchen aus dem Tiefkühlfach nehmen und kurz in heißes Wasser setzen, um die Mousse leichter auf Dessertleller stürzen zu können. Sofort servieren.

TIPP:
Mit Himbeersauce – einfach himmlisch!

EINFACH

Für **6** Personen
Zubereitungszeit: **15** Minuten
Frierzeit: **2** Stunden
Budget: €

ÜBERRASCHUNGSEIS

500 ml Vanilleeis nach Rezept von Seite 26 • 6 kleine Baisers • 100 g Krokant

Außerdem:
6 Silikonförmchen für die Bomben

1. Das Vanilleeis nach Anleitung zubereiten und sobald es cremig gefroren ist, in die Silikonformen füllen. In die Mitte jeweils ein Baiser setzen und leicht andrücken, so dass es mit Eis leicht bedeckt ist. Für 2 Stunden in das Tiefkühlfach stellen.

2. Aus dem Tiefkühlfach nehmen und auf Dessertteller stürzen. Mit Krokant bestreuen und dabei leicht andrücken, damit das Eis gut bedeckt ist.

3. Gegebenenfalls nochmals in das Tiefkühlfach stellen, bis es serviert wird.

TIPP:
Noch feiner wird das Dessert, wenn Sie eine Karamellsauce nach Rezept von Seite 22 zubereiten und diese aufstreichen, bevor Sie die Eisbomben mit Krokant bestreuen.

SELBST GEMACHT

FIX AUS DEM MIXER

EINFACH

Für **4** Personen
Zubereitungszeit: **5** Minuten
Budget: €

ERDBEERMILCHSHAKE

200 g Erdbeeren • 4 Kugeln Erdbeereis nach Rezept von Seite 30 • 1 l Milch

Außerdem:
Standmixer

1. Die Erdbeeren säubern und von den Blättchen befreien. 4 besonders schöne Früchte vierteln und für die Dekoration beiseitestellen.

2. Zusammen mit dem Erdbeereis und der Milch in den Mixer geben und alles glatt pürieren, bis die Masse schaumig wird.

3. Den Milchshake in hohe Gläser füllen und jeweils mit Erdbeerstückchen dekorieren. Sofort servieren.

VARIATION:
Anstelle von Erdbeereis kann hier auch gut ein Vanilleeis nach Rezept von Seite 26 verwendet werden.

SEHR EINFACH

Für **4** Personen
Zubereitungszeit: **5** Minuten
Budget: €

VANILLEMILCHSHAKE

1 l Milch • 5 Kugeln Vanilleeiscreme nach Rezept von Seite 26 • 1 EL Vanilleextrakt (ersatzweise 1 Päckchen Vanillezucker)

Außerdem:
Standmixer • Strohhalm

1. Die Milch zusammen mit der Vanilleeiscreme und dem Vanilleextrakt oder Vanillezucker in den Mixer geben und alles glatt pürieren, bis die Masse schaumig wird.

2. Den Milchshake in hohe Gläser füllen, zusammen mit Strohhalmen, und sofort servieren.

EINFACH

Für **4** Personen
Zubereitungszeit: **5** Minuten
Budget: €

SCHOKO-MILCHSHAKE

50 g dunkle Schokolade • 4 Kugeln Schoko-Eis nach Rezept von Seite 28 • 1 l Milch

Außerdem:
Standmixer

1. Die Schokolade fein reiben und beiseitestellen.

2. Das Schokoladeneis und die Milch in den Mixer geben und alles glatt pürieren, bis die Masse schaumig wird.

3. Den Milchshake in hohe Gläser füllen und üppig mit der geriebenen Schokolade dekorieren. Sofort servieren.

EINFACH

Für **4** Personen
Zubereitungszeit: **5** Minuten
Budget: €

BANANEN-MILCHSHAKE

2 Bananen • 3 Kugeln Vanilleeiscreme nach Rezept von Seite 26 • 1 EL Zitronensaft • 500 ml Vollmilch • einige Schokoladenraspel

Außerdem:
Standmixer

1. Die Bananen schälen und in Scheiben schneiden. Zusammen mit dem Vanilleeis, dem Zitronensaft und der Milch in den Mixer geben und alles glatt pürieren, bis die Masse schaumig wird.

2. Den Milchshake in hohe Gläser füllen und mit einigen Schokoladenraspeln dekorieren. Sofort servieren.

SEHR EINFACH

Für **4** Personen
Zubereitungszeit: **5** Minuten
Budget: €

FROZEN JOGHURT MIT BEEREN

300 g gemischte TK-Beeren • 2 Becher Joghurt mit Fruchtgeschmack (Erdbeere zum Beispiel) • 2 EL flüssiger Honig

Außerdem:
Standmixer

1. Die leicht angetauten Beeren zusammen mit dem Joghurt und dem Honig in den Mixer geben und alles glatt pürieren, bis die Masse schaumig wird. Nicht zu lange pürieren, sonst erwärmt sich die Mischung.

2. Sofort servieren.

VARIATION:
Für dieses Rezept können Sie beliebige TK-Früchte verwenden.

EINFACH

Für **4** Personen
Zubereitungszeit: **5** Minuten
Budget: €

SCHNELLES BANANEN- UND SCHOKO-EIS

2 Bananen • 40 g Sahne (etwa 2 EL) • 1 EL Kristallzucker • Raspel-Schokolade

Außerdem:
Klarsichtfolie • Standmixer

1. Am Vortag die Bananen schälen und in Stücke schneiden. In Klarsichtfolie einwickeln und über Nacht in das Tiefkühlfach legen.

2. Für die Eiszubereitung die Bananenscheiben zusammen mit der Sahne und dem Zucker in den Mixer geben und alles glatt pürieren, bis die Masse cremig wird. Wenn sie zu fest ist, noch einen Esslöffel Milch zugeben.

3. Mit Hilfe von zwei Löffeln kleine Eisklößchen formen und bestreut mit Raspel-Schokolade in Dessertschälchen servieren.

EINFACH

Für **4** Personen
Zubereitungszeit: **5** Minuten
Budget: €

ERDBEER-BANANEN-SMOOTHIE

500 g Erdbeeren • 1 Orange • 2 Bananen

Außerdem:
Saftpresse • Sieb • Standmixer

1. Die Erdbeeren säubern und von den Blättchen befreien. Die Orange auspressen und durch ein Sieb gießen. Die Bananen schälen und in Stücke schneiden.

2. Die Erdbeeren, den Orangensaft und die Bananenstücke in den Mixer geben und alles glatt pürieren, bis der Smoothie schön cremig ist.

3. Den Smoothie in Stilkelchen servieren.

TIPP:
Am besten schmeckt der Smoothie, wenn er vor dem Servieren noch einige Zeit im Kühlschrank durchkühlen konnte.

EINFACH

Für **4** Personen
Zubereitungszeit: **5** Minuten
Budget: €

BIRNEN-NEKTARINEN-SMOOTHIE

3 reife Birnen • 4 Nektarinen • 2 EL Blütenhonig

Außerdem:
Standmixer

1. Die Birnen und Nektarinen schälen, entkernen und vierteln.

2. Zusammen mit dem Honig in den Mixer geben und alles glatt pürieren, bis der Smoothie schön cremig ist.

3. Zum Servieren den Smoothie in originelle Gläser füllen und eiskalt genießen.

EINFACH

Für **4** Personen
Zubereitungszeit: **10** Minuten
Budget: €

KIWI-SMOOTHIE

1 Orange • 5 Kiwis • 2 Bananen

Außerdem:
Saftpresse • Sieb • Standmixer

1. Die Orange auspressen und den Saft durch ein Sieb gießen. Die Kiwis und die Bananen schälen und in Stücke schneiden. Ein paar kleine Kiwistückchen für die Dekoration beiseitelegen.

2. Zusammen mit dem Orangensaft in den Mixer geben und alles glatt pürieren, bis der Smoothie schön cremig ist.

3. Den Kiwi-Smoothie in kleine Gläser füllen und eiskalt servieren.

TIPP:
Damit der Smoothie noch kühler wird, ein oder zwei Eiswürfel zugeben.

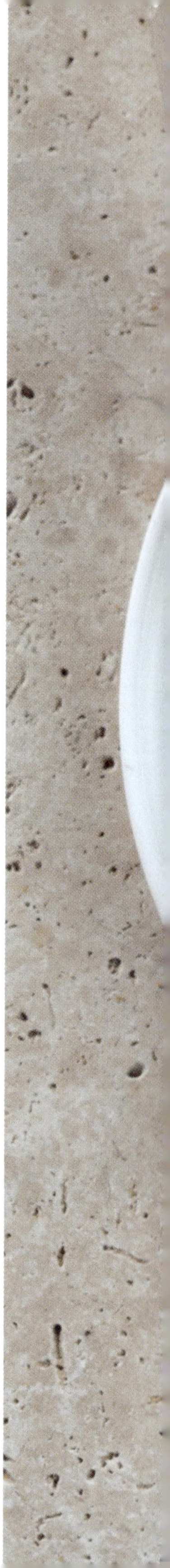

GLOSSAR

KOKOSMILCH

Diese unverzichtbare Zutat der asiatischen Küche gibt es gesüßt und ungesüßt im Handel. Bei Suppen sollten Sie jedoch darauf achten, ungesüßte Kokosmilch zu kaufen (zudem ist die natürliche Süße der Kokosmilch sogar für die meisten süßen Rezepte ausreichend). Bei dem in Dosen erhältlichen Produkt handelt es sich in der Regel nicht um die reine Flüssigkeit aus dem Kern der Kokosnuss, sondern um eine industriell hergestellte Mischung aus frischen Kokosraspeln, Wasser und manchmal auch Milch.

KOKOSRASPEL

Auch Kokosraspel und Kokoschips sind gesüßt und ungesüßt erhältlich. Sie sollten frisch und weiß aussehen und eignen sich zum Backen, zum Kochen, für Müslimischungen, Eis und andere Desserts.

LAVENDELBLÜTEN

Die ätherischen Öle von Lavendel werden für die Herstellung von Parfüm und Seifen verwendet, die Blüten eignen sich aber auch als aromatisierende Zutat für süße Gerichte wie Konfitüre oder eingekochte Pfirsiche, Lavendeleis und Lavendelkekse. Wegen seiner sehr intensiven blumigen Würze sollte Lavendel sehr sparsam eingesetzt werden – er dominiert sonst zu sehr. Für Lavendelzucker frische Blüten mit Zucker fein zerreiben – damit lässt sich Obstkompott und Sahne aromatisieren. Mit den Blütenblättern lassen sich außerdem Desserts garnieren sowie Salat und Essig aromatisieren.

MARONEN

Die Esskastanie wird in vielen Gegenden Europas – beispielsweise in der Ardèche, Korsika und der Toskana – wegen ihrer Früchte kultiviert. Sie werden im Herbst geerntet und sind roh nicht genießbar. Sie werden zu kandierten Maronen (Marrons glacés) und Maronencreme verarbeitet oder im Winter geröstet als Imbiss angeboten. In der Küche sind sie Zutat für süße Desserts und herzhafte Speisen wie Geflügel, Wild, Rosenkohl und Rotkohl. Kastanienmehl wird auch zum Backen verwendet. Im Handel sind geschälte Maronen als Glaskonserve und vakuumverpackt erhältlich, sowie auch als Creme oder in Sirup eingelegt.

MASCARPONE

Der glatte und fettreiche italienische Frischkäse, der aus Sahne gewonnen wird, eignet sich für gehaltvolle Desserts wie Tiramisu. In Kombination mit Schokolade, frischem Obst oder Gewürzen lassen sich auch köstliche Cremes und Torten zubereiten. Dank seiner sahnigen Konsistenz (mit immerhin 80 Prozent Fettgehalt in der Trockenmasse) werden auch herzhafte Gerichte wie Aufläufe, Saucen oder Polenta besonders schmackhaft.

MATCHA-GRÜNTEE

Der leuchtend grüne Matcha-Tee sieht aus wie Chemie pur, dabei ist der Pulverdrink reine Natur. Für das Getränk wird nur das Beste vom Teeblatt verwendet. Das feine Pulver aus Japan war einst der traditionellen Teezeremonie vorbehalten, doch seit einiger Zeit entwickelt sich der Grüntee zum Trendgetränk in Europa. Für Matcha, japanisch für »gemahlener Tee«, werden die Blätter der Tencha-Teepflanze zu feinem Pulver gemahlen. Dafür werden einige Wochen vor der Ernte die Teeplantagen mit Netzen oder Bambusmatten abgedeckt. Durch das reduzierte Sonnenlicht produzieren die Blätter mehr Chlorophyll und entwickeln ihre typische grüne Farbe. Das feine herb-süßliche Aroma eignet sich nicht nur für ein frisches selbstgemachtes Eis, sondern verfeinert auch Kuchen, Milch und Shakes.

PISTAZIEN

Die leuchtend grünen Kerne (botanisch keine Nüsse) des Pistazienbaums haben eine harte Schale, die aufspringt, wenn sie reif sind (geschlossene Pistazien sollte man nicht kaufen). Besonders beliebt in den Küchen des Orients, verleihen sie sowohl Couscous- und Reisgerichten ihr einzigartiges Aroma als auch Pasteten und Terrinen sowie Süßspeisen wie Baklava und Eis. Im Handel mit Schale gesalzen oder ungesalzen erhältlich, sind Pistazien auch ein beliebter Snack. Ungesalzene grüne Kerne werden ganz, gehackt oder gemahlen angeboten, im Fachhandel auch als Paste.

VANILLE

Vanille ist die Frucht einer Orchidee, die frisch geschmacklos ist und erst fermentiert ihr intensiv duftendes Aroma mit Noten von Lakritze und Tabak entwickelt. Echte Vanille ist ausgesprochen teuer, weil Anbau und Verarbeitung sehr arbeitsintensiv sind. Die ganzen Schoten erhält man einzeln, daneben werden auch Vanillezucker (nicht zu verwechseln mit dem synthetischen Vanillinzucker) und Vanille-Extrakt angeboten, im Fachhandel auch Pulver. Die Schoten eignen sich zum Würzen von Cremes, Saucen, Kompott, Zucker und Kuchen, aber auch Fisch, Meeresfrüchte, Hühnchen und Wurzelgemüse gibt ein Hauch Vanille den gewissen Extrakick.

REZEPTE VON A–Z

REZPETE NACH KAPITELN

London, New York, Melbourne, München und Delhi

Für die deutsche Ausgabe:
Programmleitung Monika Schlitzer
Projektbetreuung Gabriele Kalmbach
Herstellungsleitung Dorothee Whittaker
Herstellungskoordination Claudia Rode
Herstellung und Covergestaltung Sophie Schiela

Bibliografische Information der Deutschen Bibliothek
Die Deutsche Bibliothek verzeichnet diese Publikation in der Deutschen Nationalbibliografie; detaillierte bibliografische Daten sind im Internet über http://dnb.ddb.de abrufbar.

Titel der französischen Originalausgabe:
FAIT MAISON – GLACES, SORBETS ET GRANITES

Textes de Eva Harlé, photographies: Françoise Nicol

Mehr Infos zur Autorin finden Sie unter: www.evacuisine.fr

Übersetzung Gudrun Ruoff
Lektorat Konzept Network München
Satz staba design, München, Michael Knufinke und Anita Cosic

ISBN 978-3-8310-2572-5

Printed and bound by L.E.G.O., Italy

Besuchen Sie uns im Internet
www.dorlingkindersley.de